ÁGUA VIVA

ÁGUA VIVA
Catecismo popular

EDITORA
SANTUÁRIO

DIREÇÃO EDITORIAL:
Pe. Marcelo C. Araújo, C.Ss.R.

REVISÃO:
Cristina Nunes

COORDENAÇÃO EDITORIAL:
Ana Lúcia de Castro Leite

DIAGRAMAÇÃO E CAPA:
Bruno Olivoto

COPIDESQUE:
Luana Galvão

IMPRIMA-SE
Dom Orlando Dotti, bispo de Barra-BA
31 de maio de 1978

Uma promoção
da Paróquia de São João Batista de Barreiras-BA
com a colaboração de Frei Luiz Flávio Cappio, ofm,
Bispo Diocesano de Barra-BA,
e do conselho Diocesano de Leigos
da Diocese de Barra-BA.

ISBN 85-7200-005-4

1ª impressão: 1979

90ª impressão

Todos os direitos reservados à EDITORA SANTUÁRIO – 2025

Rua Pe. Claro Monteiro, 342 – 12570-045 – Aparecida-SP
Tel.: 12 3104-2000 – Televendas: 0800 - 016 00 04
www.editorasantuario.com.br
vendas@editorasantuario.com.br

Como usar o livro

Água Viva é um livrinho composto de 13 lições. Cada lição é dividida em pequenas partes para melhor compreensão do texto. No final de cada lição, você encontrará indicações de Leituras Bíblicas e de Leituras do Catecismo da Igreja Católica para aprofundamento do assunto, com base na Sagrada Escritura e na doutrina da Igreja.

Ao lado de cada bloco do texto, entre colchetes, a indicação do texto correspondente do Catecismo da Igreja Católica.

Água Viva poderá ser livro de leitura e meditação pessoal, familiar, grupos de reflexão, círculos bíblicos, grupos de jovens, catequese, texto de aula de religião nas escolas, espiritualização das Comunidades Eclesiais de Base.

Água Viva quer ser um instrumento útil nas mãos dos agentes de pastoral na evangelização de nosso bom povo do sertão.

INTRODUÇÃO

Como é bom falar de Deus.
Como é bom ouvir falar de Deus.
É consolo para nossas vidas, força nas dificuldades, luz que ilumina nossas estradas.
Jesus veio do céu para conversar conosco.
Não apenas conversar, mas demonstrar todo o seu amor, toda sua amizade, dando sua vida pela nossa libertação.
Jesus nos deixou um caminho a seguir. Um caminho que nos leva ao Pai.
Este pequenino livro quer nos ajudar a conhecer melhor nosso grande amigo Jesus Cristo e seu caminho de libertação.
A maior riqueza do sertão é a água. A água gera vida.
Todos queremos viver.
Mas a vida tem sentido se vivida plenamente.
E somente a ÁGUA VIVA, aquela água trazida por Jesus Cristo, é capaz de transformar nossa vida em Vida Plena.
Beba da ÁGUA VIVA e jamais você terá sede.
Do irmão e amigo,

Frei Luiz

1ª Lição

DEUS NOS AMA E POR ISSO QUER A SALVAÇÃO DE TODOS OS HOMENS

[295]   Deus criou tudo por amor. Toda a criação é obra de Deus poderoso, sábio e forte. Só Deus poderia criar coisas tão grandes e tão belas:

O sol, que nos dá luz e calor – As estrelas, com seu esplendor.

A lua, mãe da beleza – A água, filha da pureza.

O céu, mergulhado na imensidão – A terra que nos produz o pão.

As aves que voam de galho em galho – Os animais que nos dão carne, leite e nos ajudam no trabalho.

As árvores que nos trazem recordações antigas – As flores que nos encantam e alegram como verdadeiras amigas.

Tudo isto é obra do Amor de Deus nosso Pai.

[292]
1. Deus, nosso pai criador

O verdadeiro Pai ama seus filhos e quer a felicidade deles.

Deus, que é o mais bondoso dos pais, preparou tudo direitinho para poder criar os homens e as mulheres, seus filhos e suas filhas. Como a boa mãezinha que com amor preparou tudo para o nascimento de seu filho, assim também Deus, tudo preparou para a criação da humanidade a fim de que ela fosse feliz.

[397]

2. Os homens – filhos desobedientes

Mas infelizmente os homens pensaram diferente e desobedeceram ao bondoso Pai. Surgiu o pecado, o mal. Os homens se separaram de Deus. Daí para frente surgiu sofrimento e morte. O egoísmo, a ganância, o orgulho, as injustiças tomaram conta de muitos corações. E os homens choraram pela primeira vez.

[402]

3. O sofrimento – consequência do pecado

É com tristeza que hoje vemos tantas coisas horríveis no mundo. Gente matando e roubando. Tantos crimes, explorações, injustiças. Poucos ligam para a moral. Filhos que não respeitam pais, pais que não dão bom exemplo para os filhos. Vícios de toda a espécie, principalmente bebedeira com todas as suas consequências.

A família é desrespeitada, matrimônios desfeitos. O pobre sem direito de possuir um pedacinho de terra para plantar e dar de comer à sua família. O rico vem e toma tudo. Toda terra está cercada. O pobre está cercado de todos os lados. Não tem por onde sair nem para onde ir. Existem muitas coisas tristes. Tudo isto é fruto do pecado.

[430]
4. Jesus, nosso irmão Salvador

Mas o Pai, apesar da maldade dos filhos, quer a salvação de todos. Deus prometeu que iria salvar a humanidade decaída. Deus prometeu que enviaria seu filho querido – JESUS CRISTO – que nascendo da Virgem Maria, morrendo na cruz e ressuscitando ao terceiro dia, traria a salvação a todos os homens de boa vontade. Com a vinda de Jesus ao mundo, uma grande luz brilhou no meio das trevas. Jesus se apresentou como sendo "O Caminho, a Verdade e a Vida". Jesus veio ao mundo para nos mostrar o verdadeiro caminho que nos leva a Deus.

[1718]
5. Homem feliz
– aquele que segue o caminho de Jesus

O homem é livre. Pode dizer **Sim** a Deus. Aceitar os ensinamentos de Jesus. Colocar em prática na vida o que ele ensinou. Observar os mandamentos e viver o Evangelho. Desta maneira ser feliz e fazer os outros felizes nesta e na outra vida. Jesus nos ensinou a lei do Amor e da Caridade, lei da Justiça e do Perdão, lei da Fraternidade e da Amizade. Jesus nos ensinou a "Amar a Deus sobre todas as coisas e ao próximo como a nós mesmos".

[404]
6. Homem infeliz
– aquele que não segue o caminho de Jesus

O homem pode também dizer **Não** a Deus. Continuar nas trevas do pecado. Continuar no caminho do erro e do mal. Este será infeliz nesta e na outra vida como também arrastará muitos consigo.

[299]

7. Deus quer a felicidade de todos

Deus quer que todos digam **Sim**. Deus quer a conversão e a mudança de vida de todos. Deus quer que todos se salvem. Deus quer que todos sejam felizes. O desejo de Deus é que **"sejamos instrumentos de sua PAZ"**.

Que levemos AMOR onde existe ódio
Que levemos PERDÃO onde existe ofensa
Que levemos UNIÃO onde existe discórdia
Que levemos FÉ onde existe dúvida
Que levemos VERDADE onde existe erro
Que levemos ALEGRIA onde existe tristeza
Que levemos LUZ onde existe treva
Que levemos JUSTIÇA onde existe injustiça.

Deus na verdade é um Pai que ama seus filhos. Embora sejamos fracos e pecadores, Ele nos sustenta e nos salva através de seu filho Jesus.

Leituras bíblicas

Gn 1,1-31 (criação do mundo)
Is 40,1-5 (promessa de salvação)
Is 7,10-16 (promessa de salvação)
Rm 3,21-26 (Jesus Redentor)
1Jo 4,7-20 (Jesus Salvador e seu Reino de Amor)

*Leituras de textos correlatos
no Catecismo da Igreja Católica*

O Criador: 279 a 349
Criação do Homem e da Mulher: 355 a 379
O pecado de nossos primeiros pais: 385 a 412

Revisão

1. **Para quem Deus criou todas as coisas?**
2. **Se tudo pertence a todos, por que tantas diferenças entre pessoas? Umas com tantas coisas e outras sem nada?**
3. **Quem Deus prometeu enviar para salvar a humanidade?**
4. **Quem é Jesus Cristo?**
5. **Como devemos fazer para seguir o caminho de Jesus?**
6. **Você segue o caminho de Jesus? De que maneira?**
7. **Você espalha o bem ao seu redor? (Na família, ambiente de trabalho). Dê um exemplo.**
8. **Qual leitura você achou mais importante? Por quê?**

Oração

Senhor, fazei de mim um instrumento de vossa PAZ!
Onde houver ódio que eu leve o AMOR
Onde houver ofensa que eu leve o PERDÃO
Onde houver discórdia que eu leve a UNIÃO
Onde houver dúvidas que eu leve a FÉ
Onde houver erros que eu leve a VERDADE
Onde houver tristeza que eu leve a ALEGRIA
Onde houver desespero que eu leve a ESPERANÇA
Onde houver trevas que eu leve a LUZ
Ó Mestre: Fazei que eu procure mais

CONSOLAR que ser consolado
COMPREENDER que ser compreendido
AMAR que ser amado.
Pois é dando que se recebe
é perdoando que se é perdoado
é morrendo que se vive para a VIDA ETERNA.

Mensagem para a vida

"O MUNDO SERÁ MAIS RICO E MAIS BELO NA MEDIDA EM QUE VOCÊ FOR MELHOR."
"DAI GRAÇAS, POIS TUDO É BOM."

2ª Lição

DEUS PREPARA UM GRANDE POVO
PARA JESUS PODER VIR AO MUNDO

[51] Como Deus é cuidadoso em suas obras! Tudo o que Ele faz é bem feito. Nada existe à toa, sem sentido, mas tudo bem pensado, bem preparado.

A vinda de teu filho ao mundo também não foi de uma hora para outra, nem foi por acaso. A vinda de Jesus ao mundo foi o acontecimento mais importante da história dos homens.

Durante muito tempo, Deus preparou um povo a fim de que quando Jesus chegasse, pudesse realizar sua obra de salvação. Deus preparou nosso mundo para seu Filho Jesus poder morar no meio de nós.

Jesus, pela sua vida, paixão, morte e ressurreição colocou todos os homens e o mundo na presença e na amizade de Deus.

[59]
1. O povo eleito

Assim como a chegada de uma pessoa querida em nossa casa é motivo de muita alegria, de muita espera e preparativos, assim também a chegada de Jesus foi preparada cuidadosamente por Deus.

Para a vinda de Jesus, Deus preparou um povo, uma nação. O homem escolhido para iniciar esta tão grande obra foi Abraão.

[60]

2. Abraão – pai do povo eleito

Abraão era um homem bom, querido e respeitado por todos. Vivia na cidade de UR, num país chamado Caldeia. Certa vez, Deus apareceu a Abraão e disse: "Abraão, sai da tua terra e da tua parentela e da casa de teu pai e vem para a terra que eu te mostrar. E eu farei de ti um grande povo, e te abençoarei e engrandecerei o teu nome, e serás bendito".

Abraão, por ser muito obediente e por possuir muita fé, tudo abandonou. Pegou sua família e seguiu na direção da terra que Deus lhe havia indicado.

Podemos imaginar o quanto este ato de obediência deve ter sido duro para Abraão. Deixar tudo e partir. Assim também hoje, nós vemos o sofrimento de tantas famílias que por motivo de carestia, da mudança do regime do tempo, de grilagem de terra, por motivo de grandes obras, instalação de grandes empresas, são obrigadas a deixar tudo e sair sem saber para onde; e aí ter que começar tudo de novo. É preciso muita fé para não esmorecer e não se desesperar.

Assim também aconteceu com Abraão. Guiado por uma fé muito grande seguiu seu caminho.

[61]

3. Isaque, o filho da promessa

Chegando na terra prometida, Sara, mulher de Abraão, embora já idosa, deu à luz um filho de nome

Isaque. Abraão começa a ver as promessas de Deus se realizarem.

Certo dia, Deus apareceu para Abraão e lhe disse: "Abraão, toma teu filho Isaque e sacrifica-o em minha honra". Abraão se assustou. Onde já se viu sacrificar o próprio filho? Ainda mais que através dele o povo eleito seria formado. Mas Deus queria provar a fé de Abraão.

Abraão obedece.

Isaque é levado pelo pai para o alto de um monte. Quando está para receber o golpe fatal do sacrifício, um anjo segura os braços de Abraão e diz: "Abraão não estendas a tua mão sobre o menino e não lhe faças mal algum; agora conheci que temes a Deus".

[55]
4. Aliança entre Deus e os homens

Neste momento, Deus confirma sua **Aliança** com Abraão.

Aliança significa pacto, promessa de salvação, contrato de amizade.

Aliança, que é feita com toda a humanidade, representada por Abraão.

Promessa de amizade e salvação que seria trazida por Jesus Cristo para todos os homens.

Promessa de libertação do mal e do pecado que Jesus viria trazer por meio do povo, do qual Abraão foi escolhido para ser pai.

[61]
5. Jacó e seus filhos

Isaque cresceu, casou-se com Rebeca e teve dois filhos: Esaú e Jacó.

Jacó foi o herdeiro da bênção e da herança do pai Isaque.

Jacó cresceu e se casou. Teve doze filhos que seriam os chefes das doze tribos que formariam o povo eleito, o povo hebreu. José era um dos filhos de Jacó. Por ser o filho mais querido do pai, José foi vendido pelos irmãos invejosos, para ser escravo no Egito.

José era muito bom e inteligente. Por isso o rei do Egito deu-lhe um cargo muito importante. E num tempo de grande carestia em que o mundo inteiro padecia uma grande fome, José perdoou seus irmãos e convidou-os para virem ao Egito e trazerem o velho pai. No Egito, a família se estabeleceu e foi se desenvolvendo cada vez mais, conforme a promessa de Deus a Abraão.

6. Moisés – o libertador do povo [62]

O tempo passou.

O povo cresceu muito em número.

Vieram outros reis que não conhecendo a José, transformaram todo o povo de Abraão, Isaque e Jacó em escravos. Eram muito maltratados.

O povo clamou a Deus que enviasse um libertador para os livrar de tanto sofrimento. Deus ouviu as preces do povo aflito e enviou Moisés.

Moisés possuía uma força dada por Deus.

Fez o povo do Egito passar por duras provas.

Conseguiu amolecer o coração do faraó. Este, então, deu a liberdade ao povo hebreu.

Moisés conduziu o povo eleito de volta para a Terra Prometida e no caminho, no monte Sinai, recebeu de Deus os **Dez Mandamentos**.

[2052]

7. Os 10 mandamentos – confirmação da aliança entre Deus e os homens

Os dez Mandamentos seriam daí para frente, a lei que o povo eleito e toda a humanidade deveria obedecer para servir a Deus.

Através dos dez Mandamentos, Deus confirmou com Moisés a Aliança, o pacto de amizade, feito com Abraão, em preparação à vinda do grande libertador, Jesus Cristo.

Eis os dez Mandamentos da Lei de Deus:
1. Amar a Deus sobre todas as coisas
2. Não tomar seu santo nome em vão
3. Guardar os domingos e festas de guarda
4. Honrar pai e mãe
5. Não matar
6. Não pecar contra a castidade
7. Não furtar
8. Não levantar falso testemunho
9. Não desejar a mulher do próximo
10. Não cobiçar as coisas alheias.

Quando Jesus veio ao mundo, resumiu os dez Mandamentos em apenas dois mandamentos:
1. Amar a Deus sobre todas as coisas
2. Amar o próximo como a si mesmo.

[121]
[122]
[123]

8. O Antigo Testamento

Tudo isso que narramos faz parte da Bíblia ou Sagrada Escritura. É a parte do Antigo Testamento.

No Antigo Testamento ainda aparecem pessoas importantes como o rei Davi, o rei Salomão, que muito contribuíram para preparar o povo para a vinda de Jesus. Esses reis escreveram os Salmos. Os Salmos são orações muito lindas que até hoje são rezadas com muita devoção pelos cristãos.

Também vieram os profetas. Os profetas eram homens escolhidos por Deus que levavam uma vida santa e serviam de exemplo para o povo. Denunciavam, isto é, chamavam a atenção do povo, devido aos seus erros e pecados. Convidavam o povo a levar uma vida mais de acordo com as leis de Deus.

Os profetas anunciaram que a vinda de Jesus estava próxima e que todo o povo eleito deveria se preparar bem para tão grande acontecimento.

Hoje em dia, ainda existem profetas. E quem são estes profetas?

São todos aqueles que levam uma vida de acordo com os mandamentos de Deus e os ensinamentos do Evangelho. São aqueles que, através de suas palavras e exemplos de vida, dão testemunho de fé e levam o povo a se converter para Deus.

Assim como muitos dos profetas do Antigo Testamento foram perseguidos, presos, torturados e mortos por defenderem a justiça, o direito e a dignidade da pessoa humana, assim também hoje a situação não se modificou. Aqueles, que hoje em dia são considerados heróis e possuem estátuas nas praças, foram profetas incômodos no seu tempo, sendo por isso, sacrificados. Os que lutam em favor do bem comum e se preocupam em garantir a cada cidadão, a cada filho de Deus o respeito e a dignidade que merecem, incomodando e até criando conflitos sociais hoje, serão os heróis de amanhã.

Não nos importemos com os julgamentos humanos. O juízo de Deus é o que prevalece. Jesus de Nazaré, o maior profeta de todos os tempos, também derramou seu sangue até a última gota pela vitória do Reino de Deus entre os homens.

Leituras bíblicas

Gn 12,1-9 (Vocação de Abraão)
Gn 21,1-7 (Nascimento de Isaque)
Gn 22,1-19 (Sacrifício de Abraão e confirmação das promessas)
Gn 25,19-34 (Esaú e Jacó)
Gn 37,1-36 (José do Egito)
Êx 2,1-25 (Moisés)
Êx 3,1-22 (Vocação de Moisés)
Êx 12,31-51 (Libertação do povo eleito)
Êx 20,1-17 (Os 10 Mandamentos)
1Sm 16,1-13 (O rei Davi)
1Rs 1,11-40 (O rei Salomão).

*Leituras de textos correlatos
no Catecismo da Igreja Católica*

Deus se revela: 54 a 55
Aliança com Noé: 56 a 58
Deus elege Abraão: 59 a 61
Patriarcas, Sacerdotes e Profetas: 62 a 64
Os 10 Mandamentos: 2052 a 2550

Revisão

1. **Como Deus preparou a vinda de Jesus ao mundo?**
2. **Quais foram os primeiros pais do povo eleito?**
3. **Quem foi Moisés?**
4. **Quantos e quais são os Mandamentos da Lei de Deus?**
5. **Dê o nome de dois reis importantes que governaram o povo hebreu.**

6. Quem é o profeta? Qual a sua missão?
7. Você tem fé semelhante à de Abraão?
8. Você procura obedecer aos Mandamentos da Lei de Deus em sua vida?
9. De que leitura você mais gostou? Por quê?

Oração

Senhor, Vós fizestes Aliança com os Homens. Não quisestes vos separar da humanidade. Preparastes um povo no qual deveria nascer o Salvador Jesus Cristo. Nós vos suplicamos a graça de sermos muito gratos e reconhecidos por toda a Vossa bondade e amor por nós. Que sejamos sempre fiéis à vossa Aliança de amor, cumprindo os vossos Mandamentos em nossa vida.
Assim seja.

Mensagem para a vida

"A FÉ REMOVE MONTANHAS. A OBEDIÊNCIA VENCE OBSTÁCULOS. O AMOR DÁ SENTIDO A TUDO."
"FÉ DE ABRAÃO, OBEDIÊNCIA DE MOISÉS, SABEDORIA DE SALOMÃO, CORAGEM DOS PROFETAS – TUDO ISSO RESUMIDO NO

AMOR DE JESUS CRISTO."

3ª Lição

DEUS ENVIA SEU FILHO JESUS CRISTO PARA NOS TRAZER A SALVAÇÃO

Já faz muito tempo. Há quase dois mil anos, numa cidadezinha da Galileia chamada Nazaré, aconteceu um fato importante para toda a humanidade.

Maria, moça simples e pobre, filha de Joaquim e de Ana, casou-se com um carpinteiro, chamado José.

[461]
[484]

1. O anúncio do anjo Gabriel a Maria

Certa vez, Maria estava rezando, quando lhe apareceu um anjo chamado Gabriel.

O anjo Gabriel foi mandado por Deus para anunciar a Maria que ela havia sido escolhida para ser a mãe de Jesus que seria o Salvador do mundo.

E o anjo disse assim: "Deus te salve, cheia de graça, o Senhor é contigo; bendita és tu entre as mulheres". "Eis que conceberás no teu ventre e darás à luz um filho a quem porás o nome de Jesus".

Maria, com toda simplicidade e humildade, aceitou fazer a vontade de Deus e disse SIM, respondendo: "Eis aqui a servidora do Senhor, faça-se em mim segundo a tua palavra".

Daquele momento em diante, Maria ficou esperando Jesus, o filho de Deus, em seu seio.

2. O nascimento de Jesus [488] [525]

Quando Maria estava para dar à luz, o rei baixou um decreto pelo qual todos deveriam ir à sua terra de origem para se recensear, isto é, dar os nomes para se saber quantas pessoas havia no país.

José e Maria foram a Belém, pois esta era a cidade de origem do casal. Aí não encontraram lugar para se hospedarem.

Tendo completado o tempo, Maria deu à luz seu filho Jesus, na manjedoura, numa gruta que servia de curral para os animais.

Quando Jesus nasceu vieram os anjos do céu e cantaram:

"Glória a Deus no mais alto dos céus, e paz na terra aos homens de boa vontade".

Os pastores e os reis magos também vieram visitar Jesus trazendo-lhe presentes.

3. Jesus – carpinteiro de Nazaré [530] [533]

Por perseguição do rei Herodes, José teve que fugir para o Egito, levando consigo Maria e seu filho Jesus.

Com a morte do rei, voltaram para Nazaré e lá Jesus viveu durante aproximadamente trinta anos. Viveu a vida simples do seu povo.

Trabalhou como carpinteiro junto de José, seu pai de criação.

[535ss]

4. Jesus ensina a todos o caminho de Deus

Aos trinta anos saiu de casa. Durante três anos, correu todo o seu país, a Palestina, pregando o Evangelho ao povo. Ensinava a todos o caminho de Deus, curando os doentes, libertando os prosioneiros de seus pecados, fazendo o bem a todos. Chamou a atenção dos errados e reclamou justiça aos pequenos e humildes. Defendeu os fracos, deu a mão a todos os que precisavam dele. Nunca fez mal a ninguém. Chamava os pecadores à conversão de seus pecados dizendo-lhes que o Pai promete o Céu aos bons e aos que fazem penitência e o inferno àqueles que preferem permanecer escravos do pecado e não querem se converter a Deus.

[595ss]
[638]

5. Jesus morre injustamente e ressuscita glorioso

Por ter criticado o orgulho e a maldade dos poderosos, e por causa dos chefes da religião do seu tempo, foi preso, muito maltratado e condenado à morte. "Foi crucificado, morto e sepultado." Mas como havia prometido, ressuscitou ao terceiro dia.

Jesus tudo fez por Amor para que nós pudéssemos ser salvos de nossos pecados.

[729]

6. Jesus promete o Espírito Santo e volta para o Pai

Jesus deu toda a sua vida, derramou todo o seu sangue por nossa libertação.

Passou ainda quarenta dias na terra e depois subiu para o céu "onde está sentado à direita do Pai" e virá, no final do mundo, para julgar os vivos e os mortos.

Mas Jesus não nos deixou sozinhos. Disse que estaria conosco sempre. E onde dois ou mais estivessem reunidos em nome dele, estaria junto. E mandaria o Espírito Santo para nos consolar.

Jesus, o Filho de Deus, nasceu, viveu, morreu e ressuscitou por nosso Amor, para nos salvar.

Leituras bíblicas

Lc 2,1-20 (Nascimento de Jesus)
Mt 27,1-66 (Paixão de Jesus)
Mc 16,1-19 (Ressurreição e ascensão de Jesus)

Leituras de textos correlatos
no Catecismo da Igreja Católica

Jesus Cristo, o Filho de Deus: 422 a 451
Mistério da Encarnação: 456 a 507
O homem Jesus de Nazaré: 512 a 560
Paixão e Morte de Jesus: 571 a 635
Ressurreição de Jesus e sua volta ao Pai: 638 a 664

Revisão

1. Como foi o nascimento de Jesus?
2. O que Jesus fez até os trinta anos?
3. Qual foi a missão de Jesus?
4. Como Ele a realizou?
5. Como foi sua morte e ressurreição?
6. Qual a promessa que nos deixou?
7. Para você Jesus é um homemdo passado ou você o sente presente na sua vida?

8. Qual a parte da vida de Jesus que mais o impressiona? Por quê?
9. Qual leitura que você achou mais importante? Por quê?

Oração

Senhor, nós vos agradecemos por nos terdes dado Jesus Cristo, como nosso irmão e Salvador. Queremos amá-lo de todo coração. Que nós sejamos sempre atentos a tudo o que Ele nos ensinou, colocando seus ensinamentos em prática em nossa vida. Saibamos nós reconhecê-lo na pessoa do irmão, e um dia possamos vê-lo face a face e gozar de sua presença maravilhosa no céu.
Assim seja.

Mensagem para a vida

JESUS – LUZ BRILHANTE NAS TREVAS DE MINHA VIDA!
JESUS – AMIGO DE TODAS AS HORAS!
JESUS – IRMÃO E COMPANHEIRO DE CAMINHADA!

4ª Lição
OS EVANGELHOS CONTAM A VIDA E A DOUTRINA DE JESUS

[125]   A vida e as obras das pessoas importantes foram escritas para que o mundo tomasse conhecimento delas e aprendesse suas lições.

Assim também aconteceu com Jesus.

Quem mais importante neste mundo do que Jesus? Ninguém. Por isso sua vida e seus ensinamentos foram contados por quatro homens que escreveram quatro livros chamados "OS EVANGELHOS".

Os Evangelhos fazem parte da Bíblia Sagrada e se encontram no Novo Testamento.

[126] ## 1. O que nos contam os Evangelhos

Evangelho é uma palavra que vem da língua grega e quer dizer "Boa Nova". Jesus veio trazer uma boa nova, uma boa notícia de salvação para todos nós. Então, os livros que falam sobre Jesus ficaram sendo chamados "OS EVANGELHOS".

Como os Evangelhos são belos! Contam coisas maravilhosas da vida de Jesus e dos seus ensinamentos. A gente sente muita paz e muita alegria quando lê os

Evangelhos com amor e devoção. Todos nós, cristãos, precisamos ter o livro dos Evangelhos em casa e lê-lo todos os dias, de preferência com nossa família.

2. Os quatro Evangelhos [127]

Cada Evangelho recebe o nome da pessoa que o escreveu. Assim temos na ordem:

1) Evangelho segundo São Mateus

São Mateus foi apóstolo de Jesus. No Evangelho, aparece com o nome de Levi. Era cobrador de impostos. Geralmente, os cobradores de impostos eram muito odiados pelo povo porque nem sempre eram honestos. Certo dia, Jesus passou pelo lugar em que Mateus trabalhava e viu que aquele homem era possuidor de um bom coração. Mandou que o seguisse. Mateus deixou tudo e seguiu o Mestre. Jesus fez de Mateus um grande apóstolo e evangelista.

2) Evangelho segundo São Marcos

É o mais simples e o menor dos quatro Evangelhos. São Marcos foi discípulo de São Pedro e muito trabalhou na pregação do Evangelho, junto com Paulo, o grande missionário. São Marcos conta, de maneira muito breve, os principais acontecimentos da vida de Jesus.

3) Evangelho segundo São Lucas

São Lucas era médico. Não conheceu Jesus pessoalmente, mas através das pregações de São Paulo.

Depois de se converter ao cristianismo, seguiu São Paulo em suas viagens missionárias. Seu Evangelho é muito bonito. Mostra Jesus como sendo o divino médico da humanidade. Aquele que cura os pecados do mundo. Conta-nos, de maneira muito linda, os tempos da infância de Jesus.

4) Evangelho segundo São João

Por muitos é tido como o mais bonito dos Evangelhos. Parece até uma poesia, uma oração. São João foi o discípulo amado de Jesus. Estava com o pai e o irmão consertando as redes de pescar, quando Jesus passou pela praia, mandando que ele e o irmão deixassem tudo e o seguissem. Foi fiel a Jesus até o fim. Foi o único apóstolo que, junto de Maria, fez companhia a Jesus na cruz. Foi o primeiro apóstolo que viu o sepulcro vazio, depois da ressurreição de Jesus.

3. Divisão e abreviatura dos Evangelhos

Para ser mais fácil a gente lidar com os Evangelhos, estes foram divididos em capítulos e versículos. Os capítulos são representados por números grandes, e os versículos por números pequenos. Cada Evangelho possui uma abreviatura.

O Evangelho segundo São Mateus possui 28 capítulos e se abrevia assim: Mt.

O Evangelho segundo São Marcos possui 16 capítulos e se abrevia assim: Mc.

O Evangelho segundo São Lucas possui 24 capítulos e se abrevia assim: Lc.

O Evangelho segundo São João possui 21 capítulos e se abrevia assim: Jo.

4. Os Evangelhos são a parte mais importante da Bíblia Sagrada [125]

Os Evangelhos fazem parte da Bíblia, são Palavra de Deus porque foram escritos por inspiração do Espírito Santo. Os quatro evangelistas foram iluminados pelo Espírito Santo para poderem escrever os Evangelhos sem erro algum. Inspirados por Deus, esses quatro homens nos deixaram a obra-prima da humanidade, os escritos mais importantes de todos os tempos.

5. Todos devem conhecer o Evangelho de Jesus [133]

Jesus nos fala através de sua Palavra.

Quanto mais conhecemos os Evangelhos, melhor conhecemos a Jesus Cristo e sua doutrina de Amor e Salvação.

Todo bom cristão, principalmente todo pai de família, deve possuir o livro do Evangelho em sua casa. Não apenas para ser enfeite em cima da mesa ou do armário, mas para ser lido todos os dias, de preferência em família.

Numa hora conveniente a todos, os membros da família se reúnem e juntos leem um trechinho do Evangelho. Não precisa ser muito grande. Depois de alguns momentos de silêncio para que a Palavra de Deus faça eco no coração, cada um poderá dizer o que achou mais importante do que ouviu. No final, poder-se-á tirar uma conclusão prática para ser vivida pelos membros. Assim a Palavra de Deus vai sendo meditada e vivida pela família. Se não for possível fazer em família, que seja feito ao menos particularmente pelas pessoas de boa vontade.

Na medida em que a pessoa vai se familiarizando com a Palavra de Deus, ela vai se tornando mais doce, vai penetrando mais profundamente em sua vida como o perfume das florezinhas do campo que inebriam o ar que as envolve.

Quanta PAZ, quanto BEM nasce no coração daquele que se aproxima da fonte da ÁGUA VIVA para ali saciar a sede de AMOR que todas as vidas experimentam.

Os Evangelhos são Palavra de Deus que devemos ler, entender, viver e transmitir com carinho e devoção se quisermos receber o Reino de Deus em nós.

Leituras bíblicas

Lc 5,27-32 (Conversão de São Mateus)
At 12,12-25 (Sobre São Marcos)
Cl 4,14 (Sobre São Lucas)
Jo 19,25-27 (São João e Maria aos pés da cruz de Jesus)
Jo 20,8 (São João testemunha da ressurreição)
Tg 1,19-27 (Prática da Palavra de Deus)
2Pd 1,16-21 (Superioridade da Palavra de Deus).

*Leituras de textos correlatos
no Catecismo da Igreja Católica*

A Sagrada Escritura: 101 a 120
O Antigo Testamento: 121 a 123
O Novo Testamento: 124 a 127
Unidade entre o Antigo e o Novo Testamento: 128 a 130
A Sagrada Escritura na vida da Igreja: 131 a 133

Revisão

1. O que significa a Palavra EVANGELHO?
2. Quais são os Evangelhos?
3. Quais os evangelistas que eram apóstolos de Jesus?

4. E os outros quem eram e o que faziam?
5. Por que os Evangelhos são Palavra de Deus?
6. Como os Evangelhos se dividem?
7. Você já leu o Evangelho?
8. De que parte do Evangelho você mais gostou? Por quê?

Oração

Senhor, que inspirastes homens santos para nos deixar vossa mensagem de libertação, fazei que tenhamos muito amor à vossa santa Palavra. Que a leiamos atentamente e a ponhamos em prática em nossa vida. Que vossa Palavra seja uma luz a iluminar e orientar nossa vida.
Assim seja.

Mensagem para a vida

*"**SENHOR** – VOSSA PALAVRA, LUZ QUE ILUMINA MEUS PASSOS E ME SUSTENTA NA CAMINHADA."*
"A PALAVRA DE DEUS É A VERDADE, SUA LEI LIBERDADE."

5ª Lição

JESUS E SEUS COMPANHEIROS – OS APÓSTOLOS

[765] Jesus, quando saiu pela sua terra para pregar o Evangelho, convidou companheiros para irem juntos com Ele.

Jesus poderia ter realizado sua missão sozinho. Mas não. Quis que sua obra tivesse continuidade após sua morte, ressurreição e volta ao céu.

Para isso escolheu doze companheiros. Homens simples, mas possuidores de um grande coração para amar e com muita vontade de fazer o bem. Alguns eram pescadores de peixes e Jesus quis fazer deles pescadores de homens, com a missão de convidar os homens a fazerem parte da família de Deus.

[857]
1. Os apóstolos de Jesus

Os nomes dos apóstolos de Jesus são:
Simão Pedro (que se tornou o chefe dos apóstolos)
Tiago (filho de Zebedeu)
João (irmão de Tiago, discípulo amado de Jesus. Escreveu o quarto Evangelho)
André

Filipe
Bartolomeu
Mateus (também chamado Levi. Escreveu o primeiro Evangelho)
Tomé
Tiago (filho de Alfeu)
Tadeu
Simão Cananeu
Judas Iscariotes (o traidor)

Esses doze homens acompanharam Jesus durante três anos em suas andanças missionárias.

Como deveria ser grande a amizade entre eles!... Caminhavam juntos... comiam do mesmo prato... dormiam debaixo do mesmo teto... ouviam atentamente todos os ensinamentos de Jesus... que beleza!

2. Missão dos apóstolos de Jesus [858]

Jesus os preparava para a grande missão. Com eles fundaria a Igreja, enviá-los-ia pelo mundo afora para espalhar a boa-nova do Reino de Deus, a mensagem do Evangelho.

Os apóstolos foram muito generosos. Deixaram tudo o que possuíam de mais sagrado: os pais, a família, os bens materiais para poderem seguir o Mestre. Em compensação receberam muito mais em troca: a verdadeira liberdade neste mundo e a felicidade eterna no céu.

Os verdadeiros amigos de Jesus, aqueles que querem obedecer às suas palavras, não se apegam aos bens deste mundo. Usam de tudo, sem se deixar escravizar por nada. Existe muita gente escrava das coisas deste mundo: dinheiro, prazer, poder, vícios, modas e tantas outras coisas que nos trazem mais tristezas que alegrias.

Que tristeza quando sabemos que alguém matou para poder roubar! Este está fazendo do dinheiro o seu deus. Por causa do dinheiro, ofende gravemente o verdadeiro Deus e fere o próximo, naquilo que ele possui de mais valor: a vida.

Que tristeza quando sabemos que famílias foram expulsas de suas terras para que os ricos possam plantar capim para gado. Existe muito gado mais bem tratado do que gente.

Quanta briga por causa da terra, que no fim vai nos comer a todos. Mas só não come a alma. Esta tem um encontro marcado com Deus.

Jesus queria que seus seguidores fossem simples e pobres como Ele mesmo era, e fossem obedientes ao Pai como Ele também era.

Os apóstolos presenciaram os milagres de Jesus. Viram as maravilhas operadas pelo Mestre junto ao povo. Nem tudo o que ouviam de Jesus eram capazes de compreender. Mas guardavam tudo em seu coração. Mais tarde, quando Jesus mandou do céu o Divino Espírito Santo, então sim, compreenderam o grande ensinamento de Jesus e o levaram adiante pelo mundo afora.

Iam dois a dois, de aldeia em aldeia, de cidade em cidade, pregando o Evangelho, ensinando ao povo a doutrina de Cristo e fundando comunidades cristãs, às quais deram o nome de Igreja.

Na época, a maior parte do povo era pagão, acreditava em outros deuses. Por esse motivo, muitos apóstolos de Jesus foram perseguidos e mortos. São Pedro foi crucificado de cabeça para baixo. São Paulo foi degolado como São João Batista. Santo Estêvão foi apedrejado até morrer.

O testemunho, o exemplo de fé dos apóstolos de Jesus e dos primeiros cristãos foi a semente forte que fez as igrejas cristãs se desenvolverem pelo mundo afora.

3. Jesus também sentiu a dor da traição [609]

Alguns dos apóstolos não foram fiéis à amizade de Jesus.

Judas Iscariotes o traiu, vendendo-o por trinta moedas de prata.

Simão Pedro também o negou três vezes.

Se Judas tivesse se arrependido, seria hoje um grande santo como São Pedro. Mas não confiou na misericórdia de Jesus e foi se enforcar.

Hoje em dia, como Judas, quantos se desesperam diante da vida em vez de confiar. Pedro confiou. Arrependeu-se. Chorou seu grande pecado, e o Senhor o perdoou.

A misericórdia de Deus é maior que os nossos pecados. O maior pecador do mundo é perdoado se, arrependido e contrito, pede perdão a Deus e muda de vida.

4. Os apóstolos continuam a obra de Jesus [859]

Várias vezes, Jesus apareceu aos seus apóstolos depois da ressurreição para provar que estava vivo como havia dito.

Os apóstolos se mantinham unidos em oração no cenáculo, aquela grande sala em que Jesus celebrou a última ceia, isto é, a primeira missa.

Após a vinda do Espírito Santo (Pentecostes), os apóstolos saíram pelo mundo afora, anunciando tudo o que haviam visto e ouvido.

Leituras bíblicas

Mt 4,18-22 (chamamento dos apóstolos pescadores)
Mc 3,13-19 (escolha dos apóstolos e seus nomes)
Mt 10,5-23 (instrução aos apóstolos)
Mt 5,13-16 (o que os apóstolos devem ser)

Leituras de textos correlatos no Catecismo da Igreja Católica

Jesus e os apóstolos: 763 a 768
Missão dos apóstolos: 858 a 865

Revisão

1. Por que Jesus escolheu companheiros?
2. Quantos e quais foram os companheiros de Jesus?
3. Quais as condições que Jesus exigiu das pessoas que escolheu para apóstolos?
4. Quais apóstolos foram infiéis a Jesus?
5. Qual seria a missão dos apóstolos?
6. Você já se sentiu chamado por Jesus para alguma coisa? Como?
7. Sabe que você também pode ser um apóstolo de Jesus?
8. Qual a leitura que você achou mais importante? Por quê?

Oração

Senhor, vós escolhestes apóstolos para levarem adiante vosso Reino de Amor e de Justiça. Fazei de mim um verdadeiro apóstolo, espalhando Paz e Bem onde quer que eu esteja. Que através de minhas palavras e ações, vosso nome seja mais conhecido e amado, e vosso Reino melhor servido. Tornai-me apóstolo da Fé, da Esperança e da Caridade para maior alegria e felicidade de muitos irmãos.
Assim seja.

Mensagem para a vida

"A MESSE É GRANDE E POUCOS OS OPERÁRIOS" – VOCÊ TAMBÉM PODERÁ SER UM OPERÁRIO DA MESSE DO SENHOR. ISTO O FARÁ FELIZ E MUITOS SE TORNARÃO FELIZES AO REDOR DE VOCÊ.

6ª Lição

JESUS E OS APÓSTOLOS – FUNDAÇÃO DA IGREJA

Enquanto Jesus estava entre nós era o chefe dos apóstolos, o cabeça.

Antes de Jesus voltar ao Pai, deixou um de seus apóstolos para ser o chefe em seu lugar. O escolhido foi Simão Pedro.

[765]

1. Pedro
– chefe dos apóstolos e da Igreja

Certa vez, Jesus estava reunido com seus apóstolos e dirigindo-se a Pedro disse: "Simão, tu és Pedro, e sobre esta pedra edificarei a minha Igreja, e as portas do inferno não prevalecerão contra ela. E eu te darei as chaves do Reino dos Céus; tudo o que ligares sobre a terra será ligado no céu, e tudo o que desatares sobre a terra, será também desatado no céu".

Jesus colocou Pedro como chefe dos apóstolos e prometeu que com eles fundaria a Igreja.

A Igreja de Jesus tem como alicerce os apóstolos e como primeiro chefe, Pedro.

Assim a obra de Jesus teria continuidade pelos séculos afora.

Assim como Jesus veio trazer a salvação, a Igreja é o sinal de salvação que Jesus deixou e a continuadora de sua obra redentora.

2. O que significa Igreja, Papa, Bispo? [771] [882] [861]

Igreja significa Comunidade, Assembleia, grupo de pessoas batizadas que possuem a mesma fé em Cristo Jesus.

Os apóstolos se espalharam, depois da vinda do Espírito Santo. Pedro, o chefe, foi para Roma, e de lá dirigia a Igreja.

Em Roma passou a ser chamado Papa, que significa pai, pois era o pai visível de todos os que faziam parte da Igreja.

Os apóstolos foram os primeiros Bispos. Pedro, o primeiro Papa.

Com a morte deles vieram outros, e assim por diante até nos nossos dias.

Os bispos são os pastores das Igrejas Particulares ou Dioceses.

O Papa é o Pastor da Igreja no mundo inteiro, representante de Jesus no mundo.

3. A Igreja de Jesus [830]

A Igreja que Jesus e os apóstolos fundaram chama-se IGREJA CATÓLICA APOSTÓLICA ROMANA.

IGREJA – significa Comunidade, Povo de Deus, Assembleia dos que acreditam na mesma fé.

CATÓLICA – palavrinha que vem da língua grega significa Universal, pois os apóstolos se espalharam pelo mundo inteiro.

APOSTÓLICA – porque foram os apóstolos, os escolhidos por Jesus para fundarem a Igreja.

ROMANA – porque São Pedro foi para Roma. Até hoje é nesta cidade que os Papas residem e de lá guiam a Igreja Universal. O Papa é o Pastor da Igreja no mundo inteiro.

[775]
[776]

4. Missão da Igreja no mundo

A Igreja foi fundada por Jesus e os seus apóstolos para ser luz no mundo. Sua missão é ser um sinal de Deus, no mundo, iluminando os homens com a luz da pessoa e da doutrina de Jesus Cristo.

Como família de Deus a Igreja, através de seus legítimos representantes, é Mãe e Mestra de seus membros.

Mãe que com amor conduz seus filhos para a casa do Pai.

Mestra que ensina o bem e corrige os errados.

Hoje em dia, a Igreja cada vez mais vem chamando a atenção do povo, no sentido de mostrar-lhe o verdadeiro caminho a seguir e corrigir os erros daqueles que andam por caminhos tortos.

Quando a Igreja prega o Evangelho de Jesus, está procurando o bem total dos que ouvem a Palavra de Deus e não apenas o bem espiritual. Ela se interessa pelo bem material de seus membros a fim de que todos tenham o necessário para viver e serem felizes.

A Igreja se interessa por todos os problemas de seus filhos, todos os problemas que atingem a humanidade.

Os problemas sociais, políticos e econômicos que diretamente afetam a Comunidade, são objetos da preocupação da Igreja, e ela procura iluminá-los pela luz da fé, e assim encaminhá-los dentro de um princípio de justiça e de respeito pela dignidade de cada pessoa humana.

Nós que somos membros da Igreja devemos amá-la muito e tudo fazer para que sua missão se realize no mundo, entre os homens. Quanto melhores forem os membros da Igreja, mais perfeitamente ela realizará a missão que lhe foi confiada por Jesus, de ser Mãe e Mestra.

Leituras bíblicas

Mt 16,18-19 (Escolha de Pedro para chefe da Igreja)
Jo 21,15-17 (Pedro pastor do rebanho)
Mc 16,15-18 (Missão dos apóstolos)

Leituras de textos correlatos
no Catecismo da Igreja Católica

Origem da Igreja: 758 a 762
Fundação da Igreja: 763 a 769
Missão da Igreja: 770 a 776/849 a 856
Igreja Una: 813 a 822
Igreja Santa: 823 a 829
Igreja Católica: 830 a 848
Igreja Apostólica: 857

Revisão

1. O que significa Igreja?
2. Quem Jesus escolheu para ser o chefe da Igreja?
3. Para onde foi Pedro e como ficou sendo chamado?
4. Como se chama o Papa atual?
5. O que significa Igreja Católica, Apostólica, Romana?
6. A qual diocese você pertence e quem é o seu Bispo?
7. Você já viu o retrato do Papa?

8. Você conhece seu Bispo? Já conversou com ele?
9. Qual é a missão da Igreja no mundo?
10. Você, sendo membro da Igreja, a tem ajudado para que ela cumpra sua missão entre os homens?
11. Qual foi a leitura que você achou mais importante? Por quê?

Oração

Nós vos agradecemos, Senhor, por nos terdes criado no seio de uma família cristã, fazendo parte de vossa Igreja. Fazei-me membro ativo desta Igreja, amando-a, servindo-a de todo o coração. Que eu nunca seja egoísta, pensando somente em mim e nos meus interesses, mas que minha vida seja um contínuo dar de mim mesmo para o bem da Comunidade à qual eu pertenço.
Assim seja.

Mensagem para a vida

"A IGREJA DE JESUS SERÁ TANTO MAIS VIVA ENTRE OS HOMENS, QUANTO MAIS VOCÊ A SERVIR COM AMOR E DEVOÇÃO."

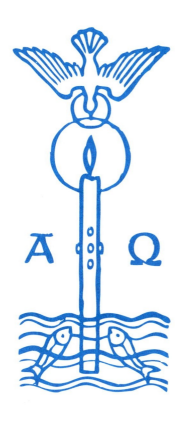

7ª Lição

JESUS ENVIA O ESPÍRITO SANTO PARA A FORMAÇÃO DA IGREJA

[767]
[768]   **C**omo já vimos nas lições anteriores, os apóstolos de Jesus eram pessoas simples e rudes. Ouviam todos os ensinamentos do Mestre, mas nem tudo eram capazes de compreender.

    Tanto é que, embora Jesus tivesse prometido que iria ressuscitar, quando foi crucificado, alguns chegaram a pensar que tudo estava terminado. Exemplo disso foi Tomé que não acreditou na ressurreição de Jesus e foi preciso que o Mestre lhe aparecesse e lhe mandasse colocar as mãos em suas chagas.

    Jesus, conhecendo a fragilidade de seus companheiros, prometeu que enviaria o Espírito Santo, quando chegasse ao céu.

[253ss]   **1. O mistério da Santíssima Trindade**

    O Espírito Santo é a terceira pessoa da Santíssima Trindade, que é composta pelo Pai, Filho e Espírito Santo.

    As três pessoas, totalmente distintas, formam um único Deus. É o primeiro mistério de nossa fé, e se chama **Mistério da Santíssima Trindade**.

Nós, cristãos, acreditamos que existe um só Deus em três pessoas realmente distintas: Pai, Filho e Espírito Santo.

O PAI, que nos criou por Amor.

O FILHO JESUS, que nos salvou por Amor.

O ESPÍRITO SANTO, que nos ajuda a compreender tudo aquilo que Jesus nos ensinou. O Espírito Santo está entre nós para assistir e santificar a Igreja, fundada por nosso Senhor Jesus Cristo.

2. Deus, como comunidade [255]

Interessante notar que sendo três pessoas, em Deus existe uma Comunidade. Deus ama a Comunidade. Deus vive em Comunidade. Deus está presente onde existe uma Comunidade viva, verdadeira. Quanto mais união e amor houver em uma Comunidade, mais perfeita ela é.

A Santíssima Trindade é uma Comunidade perfeita, pois nela existe todo o AMOR, toda UNIÃO, toda AMIZADE entre o Pai, o Filho e o Espírito Santo.

Devemos amar a Comunidade e viver em Comunidade a exemplo da Santíssima Trindade.

3. A vinda do Espírito Santo [731]

Quando chegou a manhã de Pentecostes, cinquenta dias depois da ressurreição de Jesus, os apóstolos e a Virgem Maria estavam reunidos no Cenáculo, isto é, na sala em que Jesus celebrou a Missa com os apóstolos. De repente, desceu sobre eles o Divino Espírito Santo, em forma de línguas de fogo. Foi o momento da

Grande Revelação. Foi o momento em que o coração e o entendimento dos apóstolos se abriram.

O Espírito de Amor, de Luz, de Sabedoria, de Força, de Verdade, desceu no coração daqueles homens, fazendo-os heróis do amor e da coragem na difusão, isto é, na pregação do Evangelho pelo mundo afora.

Naquele mesmo instante, cheio do fogo do Divino Espírito, Pedro saiu da sala e se dirigiu ao povo fazendo--lhe um maravilhoso sermão. O livro dos Atos dos Apóstolos, que nos fala o que os apóstolos fizeram, conta-nos que só naquele dia, três mil pessoas se tornaram cristãs. Pediram o batismo para poderem fazer parte da Igreja.

[735] ## 4. A vida nova dos apóstolos de Jesus

Daí para frente, os apóstolos começaram a viver uma nova vida.

Viviam muito unidos entre si. Tudo o que possuíam era em comum.

Não queriam nada em particular.

Viviam uma verdadeira Comunidade, onde os direitos de cada um eram respeitados e os deveres, cumpridos.

Entre eles reinava um verdadeiro espírito de Amor, Caridade e Solidariedade. E todos os que não queriam respeitar a Comunidade eram punidos como aconteceu com Ananias e Safira, conforme nos conta o livro dos Atos dos Apóstolos.

Cheios do Espírito do Senhor, os apóstolos saíram pelo mundo pregando o Evangelho e fundando Igrejas, isto é, Comunidades cristãs.

Em cada lugar onde pregavam o Evangelho muitos se convertiam ao Senhor e pediam o batismo. Os apóstolos deixavam alguém para zelar da Comunidade. Assim iam aparecendo os bispos, os presbíteros (mesmo que sacerdotes) que foram aumentando, na medida em que o número das comunidades crescia.

Mas todos obedeciam a Pedro, que estava em Roma, pois reconheciam nele a autoridade deixada por Jesus Cristo.

O Espírito Santo é o grande animador da Igreja, nós, os seus instrumentos. Assim como a boa enxada pode fazer muita coisa nas mãos de um bom lavrador, nós também podemos fazer muitas coisas boas, se nos colocarmos à disposição de Deus para que Ele faça de nós aquilo que for de sua santa vontade.

Há quase dois mil anos que a Igreja existe, e cada vez crescendo mais entre os homens.

5. Igreja divina e humana [771]

A Igreja é Divina e Humana.

A Igreja é Divina porque fundada por Nosso Senhor Jesus Cristo e guiada pelo Espírito Santo a serviço do Reino do Pai.

A Igreja é Humana, porque formada por homens, os cristãos batizados, que muitas vezes erram.

Se percebermos alguma coisa de errado na Igreja, podemos saber que não é porque ela seja errada, mas sim porque seus membros podem errar por serem pessoas humanas.

As pessoas batizadas, que possuem fé e praticam os ensinamentos de Jesus em sua vida, fazem parte da Igreja.

A Igreja é nossa grande família. Devemos amá-la muito e tudo fazer para que ela ajude o Reino de Deus crescer.

Leituras bíblicas

At 2,1-13 (descida do Espírito Santo)
At 2,14-47 (discurso de Pedro e a Comunidade primitiva)
At 9,1-19 (conversão de São Paulo, o grande apóstolo de Jesus)

*Leituras de textos correlatos
no Catecismo da Igreja Católica*

Pentecostes: 731 a 732 / 767 a 768
A Igreja – ao mesmo tempo visível e espiritual: 771 a 774

Revisão

1. **Qual é o primeiro Mistério de nossa fé?**
2. **O que nos ensina o Mistério da Santíssima Trindade?**
3. **Como foi a vinda do Espírito Santo?**
4. **Como os apóstolos e os primeiros cristãos viviam?**
5. **Como as Comunidades iam sendo formadas?**
6. **Por que a Igreja é divina e humana?**
7. **Você já recebeu o Espírito Santo? Quando?**
8. **Você se lembra sempre que o Espírito Santo mora em seu coração?**
9. **Qual a leitura que você achou mais importante? Por quê?**

Oração

Vinde Espírito Santo, enchei os corações de vossos fiéis. Acendei neles o fogo de vosso amor. Enviai o vosso Espírito e tudo será criado. E renovareis a face da terra. Assim seja.

Mensagem para a vida

"O ESPÍRITO DE DEUS É FOGO QUE ABRASA E ILUMINA NOSSA VIDA."
"VIVER NO ESPÍRITO É VIVER NA GRAÇA DE DEUS."

8ª Lição

IGREJA – POVO DE DEUS

[781ss]   A Igreja é a grande família de Deus.
Deus é o Pai e nós somos os filhos, que fazemos parte desta família.

Uma criança começa a fazer parte de uma família, no momento em que nasce. Os pais escolhem o nome dela e registram. A família foi enriquecida com mais um membro.

Assim também existe um momento em que começamos a fazer parte da família de Deus, da Igreja. É no momento em que somos batizados.

O Batismo é a porta de entrada para fazermos parte da família de Deus.

Pelo Batismo, somos selados, registrados com o selo, com o carimbo do Divino Espírito Santo, em nosso coração. A partir daí, fazemos parte do povo de Deus – esta multidão de pessoas que fazem parte da Igreja e que caminham em direção ao céu.

[1226]

1. Todos os batizados fazem parte da Igreja

A Igreja não são apenas os padres, os bispos. A Igreja somos todos nós que fomos batizados. Todos nós que recebemos o Espírito Santo dentro de nós, no momento em que o padre derramou água em nossa cabeça dizendo: "José, eu te batizo em nome do Pai, do Filho e do Espírito Santo".

Não se vê o Espírito Santo descer sobre nós. Nem se sente nada de diferente, mas pela fé sabemos do grande acontecimento em nossa vida. Passamos a pertencer à Igreja, ao Povo de Deus, à Família de nosso querido Pai, com possibilidade de crescer cada vez mais na prática do bem e no amor a Deus e ao próximo.

2. Os guias da Igreja [882] [886]

Toda família possui aqueles que guiam, aqueles que servem, aqueles que colocam toda a sua vida a serviço de seus entes queridos. Assim, por exemplo, os pais. Tudo fazem para o bem dos seus. Estão dispostos até a morrer, se for preciso, para o bem e a felicidade dos filhos que Deus lhes deu.

Assim na Família de Deus, na Igreja, há também aqueles que são chamados por Deus para guiarem o povo, para servirem, para serem pastores do rebanho do grande pastor, que é Jesus Cristo. São os bispos, os padres e todas as pessoas de boa vontade que colaboram para o desenvolvimento do Reino de Deus.

3. Todos os batizados são convidados a servirem a Igreja [897ss]

Assim como na família cada filho é responsável e tem que colaborar para o bem de todos, assim também na Igreja, cada membro recebe, pelo Batismo, a responsabilidade de prestar algum serviço pelo bem e desenvolvimento da Comunidade.

Como são importantes os catequistas, os dirigentes de culto nas Comunidades rurais, os que promovem a saúde e a educação do povo, os que trabalham para o bem-estar social da Comunidade, lutando para que os direitos do povo sejam respeitados, e os deveres cumpridos fielmente.

Tudo isto é serviço pelo desenvolvimento do Reino de Deus entre os homens. Reino de Justiça, Amor e Paz.

Quando um rapaz, respondendo a um chamado de Deus, resolve ser padre, ele está colocando sua vida a serviço do povo de Deus, a serviço do Reino de Deus. Um padre não é padre para si próprio, em vista dos seus próprios interesses, mas para servir e guiar o povo em direção a Deus.

É assim que em quase todas as cidades existe um padre, o pastor do povo, servindo-o em suas necessidades. Quando não há possibilidade de se ter um padre, a Comunidade escolhe os seus dirigentes que se responsabilizam para levar adiante a vida religiosa da Comunidade.

O padre toma conta de uma paróquia. As paróquias reunidas formam uma diocese ou Igreja Particular, cujo pastor é o bispo.

A pessoa e a palavra do bispo são coisas muito importantes. Sua missão é anunciar o Evangelho e praticar o que ele ensina para ser o exemplo do povo do qual ele é o pastor e guia. Os padres são os colaboradores dos bispos.

Dentre os bispos se escolhe um para ser o pastor e guia da Igreja Universal que é o Papa.

Portanto ser Papa, bispo, sacerdote, ministro ou dirigente na Comunidade não é privilégio ou simplesmente título, mas é se colocar à disposição para servir o povo de Deus, a Igreja, que caminha na direção do Pai.

4. Reino de Deus e Igreja [763ss]

Reino de Deus e Igreja não são a mesma coisa.
Jesus veio anunciar o Reino de Deus e fundar a Igreja.
Fazem parte do Reino de Deus todos os homens de boa vontade, independentemente de sua religião, de sua fé. Fazem parte do Reino de Deus todas as pessoas que, de coração sincero, procuram fazer o bem em sua vida, seguindo a Lei de Deus, ditada em seu coração.

Pertencem à Igreja aquelas pessoas que são batizadas, creem em Jesus Cristo e em toda a sua doutrina. Pertencem à Igreja as pessoas que procuram, de coração sincero, praticar fielmente a religião Católica, Apostólica, Romana, segundo as orientações de nossos legítimos representantes: os bispos, o Papa, que é o representante visível no mundo.

Igreja, que é Comunidade dos que creem em Cristo, é Sacramento de Salvação para todos os que fazem parte dela. Para tanto, oferece todos os meios de salvação e santificação: Palavra de Deus, Sacramentos, Caridade Fraterna.

Igreja é também Sinal de Salvação para os que não fazem parte dela. Ela a todos oferece o testemunho de sua vida cristã, o seguimento a Cristo, a Palavra de Deus, o empenho pela Justiça, a luta pela Paz.

Quanto à Salvação, ninguém pode dizer: "este está salvo, aquele não está". A Salvação é dom de Deus, conquistado por Cristo a favor de todos. Cada qual procure fielmente seguir seu caminho, respeitando os outros. A Salvação cabe ao Senhor distribuir, segundo os méritos de Cristo e a elaboração pessoal de cada um. Compete a cada um fazer tudo o que estiver ao seu alcance para um dia ouvir do Senhor aquelas palavras maravilhosas: "Vinde, benditos de meu Pai, receber o prêmio que vos está preparado desde toda eternidade".

Leituras bíblicas

1 Cor 12,12-31 (Igreja – Corpo de Cristo)
1Tm 3,1-6 (Virtude de um bispo)
Tt 1,5-16 (Procedimento do bispo)
1Tm 5,17-24 (Procedimento do sacerdote)
Hb 5,1-14 (Cristo, verdadeiro pastor)

*Leituras de textos correlatos
no Catecismo da Igreja Católica*

Igreja – Povo de Deus: 781 a 786
Igreja – Corpo de Cristo: 787 a 795
Igreja – Esposa de Cristo: 796
Igreja – Templo do Espírito Santo: 797 a 798

Revisão

1. O que é a Igreja?
2. Quando começamos a fazer parte da Igreja?
3. Qual é a missão do sacerdote?
4. Qual é a missão do bispo?
5. Qual é a missão do Papa?
6. Qual é a missão de todos os batizados?
7. Você tem alguma tarefa em sua Comunidade? Qual?
8. Se você ainda não ajuda sua Comunidade, prestando-lhe algum serviço, pergunte ao padre ou ao dirigente em que você pode ajudar.
9. Qual leitura você achou mais importante? Por quê?

Oração

Senhor, vós que com amor criastes vossa Igreja, e com mais amor enviastes sobre ela vosso Espírito Santo, abençoai-a, santificai-a, ajudai-a a cumprir sua tão sagrada missão neste mundo, sendo sinal de salvação para todos os homens.
Assim seja.

Mensagem para a vida

"A IGREJA SOU EU, É VOCÊ, SOMOS TODOS NÓS. TODO O BEM QUE FAZEMOS AJUDA A IGREJA A CRESCER. TODO O MAL QUE PRATICAMOS É A IGREJA DE JESUS CRISTO QUE OFENDEMOS."

9ª Lição

OS SACRAMENTOS – SETE FONTES DA GRAÇA DE DEUS, INSTITUÍDOS POR JESUS CRISTO

[1212]   Jesus Cristo veio nos trazer a salvação que o Pai havia prometido. Fundou a Igreja, como Sinal de Salvação no mundo. A sua Palavra é fonte de luz para todos os homens de boa vontade. Através de sua Palavra nos deixou sete Sacramentos, que são os meios de entrarmos diretamente em contato com Ele, isto é, permanecer sempre junto dele.

Pelos Sacramentos, Jesus Cristo nos comunica a salvação que nos veio trazer. Assim como a Igreja, os Sacramentos são sinais desta Salvação que Jesus nos trouxe.

Todos os Sacramentos foram deixados por Jesus através de sua Palavra. São eles:

[1213]
1. Batismo

Primeiro e mais importante dos Sacramentos. Pelo Batismo, nós nos tornamos cristãos, filhos de Deus e herdeiros do céu. O Batismo é a porta de entrada para a vida da graça.

Só podemos receber os outros Sacramentos, depois de termos recebido o Batismo.

2. Confirmação ou Crisma [1285]

É o Sacramento pelo qual confirmamos a fé que recebemos no Batismo. Pela Crisma nós nos tornamos apóstolos de Jesus, assim como os discípulos, no dia de Pentecostes. Pelo Crisma, queremos ajudar Jesus a difundir, isto é, levar adiante, através de nossa vida e de nossas palavras, o seu Reino de Amor. Para isto, o Sacramento da Crisma deve ser dado aos adultos a fim de que possam compreender o que estão fazendo, no momento em que confirmam a fé.

3. Penitência ou Confissão [1422]

É o Sacramento pelo qual Cristo dá o perdão dos pecados aos fiéis através do padre. Este é o Sacramento do perdão e da misericórdia divina. Quem perdoa é Jesus Cristo. O padre é apenas o representante que comunica o perdão de Jesus.

Deus é um Pai de misericórdia, que sempre está disposto a perdoar seus filhos. Sua bondade é maior que nossos pecados. Pelos merecimentos da paixão, morte e ressurreição de nosso Senhor Jesus Cristo, Deus nos concede o perdão de nossas maldades.

Para que possamos merecer o perdão na confissão, são necessárias duas coisas muito importantes:

a) arrependimento de nossos pecados, isto é, de coração contrito e sincero reconhecer as faltas por nós cometidas que ofenderam a Deus e aos irmãos.

b) propósito de sermos melhores daqui para frente, isto é, desejar firmemente dar um passo à frente em nossa fé, na prática de nossa religião. Desejo de sermos melhores, seja em nossa vida particular, seja em relação à nossa família e em relação às pessoas com quem convivemos.

Para uma boa confissão devemos nos preparar direitinho. Fazer um bom exame de consciência, isto é, fazer a revisão de nossa vida, procurando ver o que deixamos de fazer de bem e o que fizemos de mal. Quanto melhor nos prepararmos para a confissão, tantos melhores frutos colheremos para o progresso de nossa vida espiritual.

A confissão pode ser **Particular** ou **Comunitária**.

Particular, quando a pessoa se encontra só com o padre e faz sua confissão.

Comunitária, quando um grupo de pessoas se prepara conjuntamente, faz o exame de consciência, reza e recebe o perdão de seus pecados através do sacerdote.

Todas as duas maneiras são importantes e possuem valor, desde que a pessoa esteja contrita, preparada e arrependida e queira melhorar sua vida, numa conversão sincera para Deus e para o próximo.

[1322]

4. Eucaristia

É o grande Sacramento do amor de Deus.

Através da Eucaristia, Jesus continua morrendo e ressuscitando pela Salvação dos homens. Em cada Santa Missa renova-se a Paixão de Cristo. A Missa é o momento em que nós, homens, nos encontramos mais próximos de Deus através de Jesus Cristo, que recebemos na Hóstia Consagrada.

5. Unção dos enfermos [1499]

É o Sacramento que se dá aos doentes preparando-os espiritualmente para o encontro com Cristo Jesus. O padre coloca óleo santo no enfermo, como que selando-o para a Vida Eterna.

6. Ordem [1536] [1554ss]

É o Sacramento que uma pessoa recebe e pelo qual passa a servir a Igreja de Cristo, o Povo de Deus. Quem ordena o rapaz ou adulto é o bispo.

São três os graus da Ordem:

a) **diácono**: pela Ordem, o diácono recebe poder de pregar o Evangelho, fazer batizados, casamentos e assistir aos doentes. Na Igreja Primitiva, os diáconos eram ordenados para distribuírem a caridade entre os pobres. Lembramos que todos os batizados podem pregar o Evangelho, mas pela ordenação, pregar o Evangelho passa a ser uma missão especial, particular, seja para o diácono, para o sacerdote ou para o bispo.

b) **sacerdote**: depois de ter recebido o diaconato, a pessoa é ordenada sacerdote para poder exercer a missão de padre. Para ser padre é preciso ter vocação. Preparar-se direitinho para poder servir bem ao povo de Deus. Muitos jovens possuem vocação para serem padres. Devem procurar o vigário e conversar com ele. O padre batiza, perdoa os pecados pela confissão, celebra a Santa Missa, unge os enfermos, preside os casamentos, além de pregar a Palavra de Deus que é a sua mais importante missão. O padre realiza todas essas maravilhas, em nome de Jesus Cristo.

c) **bispo:** para ser pastor de uma diocese, o padre recebe o terceiro grau da Ordem, que é o episcopado. O Bispo recebe o Sacramento da Ordem completo. Torna-se um sucessor dos Apóstolos, representante de Jesus, em sua diocese. É o guia, pastor do seu povo que marcha para o céu.

7. Matrimônio

[1601]

É o Sacramento pelo qual Deus abençoa um casal que quer viver como marido e esposa, constituindo assim, uma família. Deus une o casal e abençoa o novo lar através do Sacramento do matrimônio.

Todos os Sacramentos devem ser recebidos com muito respeito, com muita fé. Neles a graça de Deus é derramada de modo todo especial em nossas vidas.

Leituras bíblicas

Mt 28,16-20 (Missão dos Apóstolos)
At 2,1-13 (Crisma – descida do Espírito Santo)
Mt 16,13-20 (Os Apóstolos recebem a missão de perdoar)
Mt 26,26-29 (Instituição da Eucaristia)
Tg 5,13-18 (Unção dos Enfermos)
At 6,1-7 (Ordenação de Diáconos)
Mt 19,3-12 (Matrimônio)

Leituras de textos correlatos no Catecismo da Igreja Católica

Os 7 Sacramentos: 1210 a 1211
O Sacramento da Confirmação: 1285 a 1314

O Sacramento da Reconciliação: 1422 a 1484
O Sacramento da Unção dos Enfermos: 1499 a 1525
O Sacramento da Ordem: 1536 a 1589

Revisão

1. O que é Sacramento?
2. Quantos são os Sacramentos? Quais?
3. Qual o mais importante? Por quê?
4. Quais são os três graus do Sacramento da Ordem?
5. Quem nos deixou os Sacramentos como sinais de salvação?
6. Quais Sacramentos você já recebeu?
7. Você se aproxima sempre dos Sacramentos, principalmente da confissão e da eucaristia?
8. Qual das leituras você achou mais importante? Por quê?

Oração

Senhor, vós nos deixastes os sete Sacramentos como sinais de vosso amor. Por eles participamos de vossa graça redentora. Que ao recebê-los o façamos com muita consciência, respeito e contrição.
Assim seja.

Mensagem para a vida

"SETE SACRAMENTOS – SETE FONTES DE LUZ E DE AMOR EM QUE, SEDENTOS, APROXIMAMOS PARA NOS SACIAR E CONTINUAR A CAMINHADA PELO DESERTO DA VIDA."

10ª Lição

O BATISMO

[1213] Batismo é o primeiro e o mais importante dos Sacramentos.

O Batismo, assim como todos os outros Sacramentos, foi deixado por nosso Senhor Jesus Cristo.

Certa vez, Jesus disse aos seus apóstolos: "Ide por todo o mundo, pregai o Evangelho e batizai. Quem crer e for batizado será salvo".

Pelo Batismo, a semente da Fé e da Salvação é plantada em nosso coração.

Nesta lição, vamos aprender cinco coisas importantes que o Batismo faz em nós e que todo cristão precisa saber.

[1265]
[1243]

1. Coisas importantes que o Batismo faz em nós

O Batismo nos faz filhos de Deus

Em primeiro lugar, o Batismo nos faz filhos de Deus, herdeiros do céu. Jesus é o Filho de Deus que se fez homem. Pela sua paixão, morte e ressurreição, Ele nos salvou, fazendo de nós filhos de seu Pai eterno.

Abriu as portas do céu a todos os homens de boa vontade. Deu-nos o direito de participar da salvação, já neste mundo, e depois eternamente no paraíso. Jesus é nosso irmão mais velho. O Batismo nos dá o direito de participarmos da filiação divina e da fraternidade de Jesus. Somos filhos de Deus pela graça do Batismo que recebemos.

O Batismo nos faz membros da Igreja [1267]

Sendo filhos de Deus, entramos na família em que Deus é o Pai e nós todos somos irmãos. A família de Deus, como já sabemos, chama-se Igreja. Igreja é o nome da grande família de Deus, espalhada pelo mundo inteiro. O Batismo, pois, dá a nós o direito de fazermos parte da Igreja. Nós, que somos batizados, devemos amar e servir a Igreja, esta grande família da qual somos membros.

O Batismo nos dá o Espírito Santo [1241]

No Batismo, pela primeira vez, recebemos o Espírito Santo em nós. Quando Jesus foi batizado por São João Batista no rio Jordão, o Espírito Santo desceu sobre Ele, em forma de uma pombinha branca. Assim também o Espírito Santo vem habitar no coração daquele que é batizado. Somos templos em que Deus habita. Todo o bem que fazemos a alguém é a Deus que estamos fazendo, porque o Espírito Santo nele habita. Todo o mal que causamos a alguém é a Deus que estamos causando, porque Jesus disse: "Tudo o que fizestes ao menor dos meus irmãos, foi a mim mesmo que tereis Feito". Por isso é que devemos nos respeitar e amar uns aos outros como irmãos, pois Deus habita em nosso coração.

[1272] *O Batismo nos faz cristãos*

É pelo Batismo que nos tornamos cristãos. Desde o momento do Batismo, a pessoa pode ser chamada de cristã. Para ser verdadeiro cristão não basta apenas receber o Batismo. É necessário ter Fé. Uma fé viva e verdadeira, não uma fé fraca e vazia que muitos têm. É uma fé forte e segura. A fé é um dom de Deus. Deus dá a Fé a quem a pede. Todos os dias, devemos rezar: "Eu creio, Senhor, mas aumentai a minha fé". Para ser um bom cristão, além de ser batizado e de ter fé, é necessário também praticar a fé, isto é, praticar a religião. De que adianta o cristão ser batizado, dizer que tem fé, se não pratica a sua religião? Nós devemos praticar a religião, como a Igreja nos ensina.

Portanto, para ser um bom cristão, são necessárias três coisas:

— Ser batizado
— Ter fé na Palavra de Deus
— Praticar a Religião.

[1263] *O Batismo apaga em nós
a mancha do pecado original*

Todos nós nascemos com o pecado original. É a herança de nossos primeiros pais. Com a vinda do Espírito Santo no Batismo, ficamos limpos da mancha do pecado original. A água, que é derramada sobre nossa cabeça, é símbolo da purificação interior à qual somos submetidos pelo Batismo.

Vemos como é importante o Sacramento do Batismo. Por ele morremos para o pecado e renascemos para a vida de Jesus. Por isso diz-se que o Batismo é um renascimento, é um nascer de novo, crescer para o bem e morrer para o pecado.

São Paulo nos ensina que pelo Batismo fomos sepultados em Cristo, para com Ele poder renascer. Pelo Batismo nascemos para a vida nova. Aquela vida que Jesus prometeu a Nicodemos. Vida que se inicia neste mundo e continua pela eternidade sem fim.

2. No Batismo, pais e padrinhos assumem compromissos [1255]

Quando os pais e padrinhos levam seus filhos e afilhados para serem batizados, estão-se comprometendo diante de Deus e da Igreja a educá-los na fé.

Se a gente planta uma sementinha, tem de cuidar dela para que cresça e dê frutos. Assim também, se plantamos a semente da fé no coração dos filhos e afilhados, os pais e padrinhos são os primeiros que devem cuidar para que a fé cresça e se desenvolva na vida da criança.

Seja por palavras, seja por exemplos, os pais e padrinhos assumem este compromisso, diante de Deus e da Igreja, em relação à criança.

Para o Batismo, não se preocupar tanto com as roupas da criança, festa, ou a oportunidade de dar ao filho um padrinho rico. Nada disso é importante. Os pais devem se preparar direitinho para o batizado de seus filhos, fazendo uma boa confissão e participando bem de uma

Santa Missa por intenção da criança que vai ser batizada. Os pais devem também escolher pessoas boas, honestas, cristãs praticantes para serem padrinhos dos filhos.

Assim, a fé vai crescendo no coração do batizado para que no dia do seu crisma, possa por si mesmo, confirmá-la diante de Deus e da Igreja.

Leituras bíblicas

Mt 3,13-17 (Batismo de Jesus)
Jo 3,1-21 (Jesus e Nicodemos)
At 8,26-40 (Filipe batiza o empregado da rainha Candace).

Leituras de textos correlatos no Catecismo da Igreja Católica

O Sacramento do Batismo: 1213 a 1274

Revisão

1. O que é o Batismo?
2. Quais são as cinco coisas importantes que o Batismo faz em nós?
3. Para ser cristão basta ser batizado?
4. Quais são os deveres dos pais e padrinhos?
5. O que significa renascer pelo Batismo?
6. Você tem fé e pratica sua religião?
7. Você leva a sério sua vida de cristão?
8. Se você é pai, mãe, padrinho ou madrinha, tem interesse pela fé dos seus filhos e afilhados?
9. Qual das leituras você achou mais importante? Por quê?

Oração

Senhor, pelo Sacramento do Batismo nos fazeis participantes de vossa Igreja. Fazei-nos fiéis ao Batismo que recebemos e ensinai-nos a viver e dar testemunho da Fé, que por ele foi plantada em nossa vida.
Assim seja.

Mensagem para a vida

"EM CADA DIA QUE AMANHECE, RENOVEMOS O COMPROMISSO BATISMAL DE AMOR A DEUS SOBRE TODAS AS COISAS E AO PRÓXIMO COMO A NÓS MESMOS. ISSO NOS TORNA FIÉIS AO SENHOR E À SUA IGREJA."

11ª Lição
O CASAMENTO CRISTÃO

[1602] ✠ Pai do Céu tudo criou para servir a criatura humana e fazê-la feliz.

Depois de criar o mundo, a terra, as plantas e os animais, criou o homem para ser o rei da criação, o administrador de todos os seus bens.

Mas Deus viu que o homem estava sozinho e resolveu dar-lhe uma companheira para completá-lo. Criou a mulher. Homem e mulher, criados à imagem e semelhança do Criador.

Os homens e as mulheres possuem inteligência, vontade, liberdade, uma alma imortal, sendo assim diferentes e mais importantes que as demais criaturas.

E Deus disse: "Crescei e multiplicai-vos, e dominai a face da Terra". Deus criou homem e mulher para se completarem e gerar filhos para o seu Reino.

[1603] ## 1. A união do homem e da mulher

A União do homem e da mulher é uma coisa tão santa, tão importante, que Jesus, quando veio ao mundo, elevou esta união a Sacramento.

Jesus nos deixou o Sacramento do matrimônio para significar a santidade, a beleza, a importância da união de dois seres que se amam e juntos querem viver suas vidas.

Como acontece o matrimônio?

De maneira muito simples: dois jovens que se conhecem procuram aumentar mais e mais sua amizade. Querem entrelaçar suas vidas. E se casam.

2. Preparação para o casamento [1632]

Como os jovens se preparam para o casamento?

No primeiro momento, pelo namoro.

O que é o namoro?

É o tempo em que dois jovens procuram conhecer-se melhor e saber se as ideias combinam, a maneira de pensar e de agir se ajustam, se possuem os mesmos ideais a realizar.

O namoro é o tempo de amizade mais aprofundada, em que o amor vai crescendo nos dois corações.

Não existe um verdadeiro namoro se não houver respeito.

O que a gente vê por aí com o nome de namoro, não tem nada de namoro, mas sim, exploração e uma grande falta de respeito entre rapazes e moças mal orientados.

Depois surgem os problemas, mas já é tarde, e a mais prejudicada sempre é a moça e sua família.

Quando então, depois de um tempo de namoro, os dois jovens reconhecem que devem unir suas vidas, procuram o casamento.

[1621]
[1644]

3. Casamento civil – casamento no padre

Mal comparando, o casamento é como uma moeda. A moeda tem dois lados. Em cada lado, uma figura. Ninguém nunca viu uma moeda com figura de um lado só. Seria falsa, não teria valor.

Assim também, o casamento. Há dois lados: o casamento civil, que vale para a lei, para o estado, no que se refere aos bens, para que os filhos sejam legítimos e possuam direitos diante da lei. E o casamento religioso, casamento da Igreja, ou casamento no padre como muitos dizem. Este é o casamento do cristão. Este é o Sacramento do matrimônio.

Diante do padre ou alguém autorizado por ele, rapaz e moça se unem e pedem a bênção de Deus para a nova família que está sendo criada.

Casamento civil e casamento religioso formam um único casamento. É importante que o casal esteja casado nas duas partes para poder ter os benefícios da lei e a proteção divina.

[1643]

4. Amor e respeito unem o casal para sempre

Casamento é para toda vida. "O que Deus uniu o homem não separe." Só a morte dá o direito do outro se casar novamente. E por isso, que o cristão não pode aceitar o divórcio.

Quando dois jovens se casam é porque querem levar a vida juntos e um fazer o outro feliz. Para que isto aconteça deve haver duas coisas: AMOR E RESPEITO.

O AMOR faz com que um saiba compreender outro. Saiba perdoar suas faltas. O amor faz com que um e outro se ajudem nos momentos de dificuldades.

O RESPEITO ajuda a conviver e mais tarde educar os filhos pelo bom exemplo. O respeito faz o marido e a esposa serem fiéis um ao outro.

O lar que possui o amor e o respeito como alicerces vai para frente e atrai as bênçãos divinas.

Só o amor e o respeito unem o casal para cada qual cumprir sua missão diante da família, da Comunidade, diante de Deus.

A maior herança que os pais deixam para os filhos é o bom exemplo de uma vida, vivida no amor e respeito.

A oração une a família entre si e une a família com Deus. "A família que reza unida, permanece unida."

Toda família, diariamente, deve se reunir para juntos rezarem nem que seja um Pai-Nosso. Pai, mãe, filhos, todos unidos, agradecendo e pedindo as bênçãos de Deus para poderem realizar sua tão sagrada missão neste mundo.

Leituras bíblicas

Mt 19,3-12 (Matrimônio cristão contra o divórcio)
Ef 5,21-33 (Amor e respeito – conselho aos casais)
1 Pd 3,1-12 (Deveres dos esposos)
1Cor 7,10-24 (Indissolubilidade do matrimônio)
Eclo 7,21-30 (Deveres do pai de família)
Eclo 3,1-18 (Deveres dos filhos para com os pais)

Leituras de textos correlatos
no Catecismo da Igreja Católica

O Sacramento do Matrimônio: 1601 a 1658

Revisão

1. Por que Deus criou homem e mulher?
2. O que Jesus fez da união do homem e da mulher?
3. O que é namoro?
4. Quais são os alicerces do casamento cristão?
5. O que a família deve fazer para se manter sempre unida?
6. Você se esforça para haver harmonia em sua família?
7. Você cumpre direitinho sua missão de pai ou de mãe?
8. Em seu lar existe Amor e Respeito?
9. Qual a leitura que você achou mais importante? Por quê?

Oração

Senhor, por amor criastes homem e mulher e por amor fizestes deles marido e esposa. Que todos os casais do mundo compreendam o grande mistério de vosso amor e o vivam em suas vidas como sinais do amor de Cristo e sua Igreja. Abençoai nosso lar. Que haja muita paz e harmonia em nossa família.
Assim seja.

Mensagem para a vida

EU PARA VOCÊ – VOCÊ PARA MIM – NÓS PARA NOSSOS FILHOS – TODOS PARA O REINO DE DEUS QUE É AMOR.

12ª Lição

EUCARISTIA – O SACRAMENTO DO AMOR DE DEUS

[1322]   O amor de Deus para com a humanidade é tão grande que lhe mandou Jesus Cristo, o filho querido, para ser a sua presença no meio de nós.

Jesus, por sua vez, amou tanto a nós, que além de viver entre nós e dar a sua vida por nós, quis também ser o nosso alimento.

Jesus não se contentou em ser o grande amigo. Quis ser o alimento para nossa vida, permanecendo presente entre nós pela Eucaristia.

Jesus disse, certa vez: "Eu sou o pão da vida, quem come a minha carne e bebe o meu sangue permanece em mim e eu nele, e este possuirá a vida eterna".

Como Jesus pode ser alimento?

Pela sua Palavra e pelo seu Corpo e Sangue na Eucaristia.

Como Jesus nos deixou a Eucaristia?

[1337ss] ## 1. Jesus celebra a primeira Missa

Foi na quinta-feira santa.
Estava chegando a Páscoa dos judeus.

Jesus sabia que iria morrer no dia seguinte.

Jesus quis celebrar uma ceia de despedida, com seus amigos mais íntimos, os apóstolos. Convidou-os e levou-os para uma grande sala chamada Cenáculo. Durante a refeição, depois de ter lavado os pés de seus discípulos em sinal de humildade e serviço, **Jesus celebrou a primeira missa**. Pegou um pão e disse:

"TOMAI E COMEI, TODOS VÓS: ISTO É O MEU CORPO".

Partiu o pão e deu um pedaço a cada um dos apóstolos. Estes, então, pela primeira vez receberam a Eucaristia.

Depois, Jesus pegou o cálice com vinho e disse:

"TOMAI E BEBEI, TODOS VÓS: ESTE É O CÁLICE DO MEU SANGUE, O SANGUE DA NOVA E ETERNA ALIANÇA, QUE SERÁ DERRAMADO POR VÓS E POR MUITOS PARA REMISSÃO DOS PECADOS".

Deu um pouco a cada um. Os apóstolos beberam do Sangue de Cristo. Jesus completou:

"FAZEI ISTO EM MEMÓRIA DE MIM".

Assim, Jesus deu aos apóstolos o poder de celebrar a missa em memória dele. É por isso que todas as vezes que os padres celebram a Santa Missa, eles o estão fazendo em memória de Jesus e cumprindo uma ordem deixada pelo Mestre.

Jesus celebrou a Santa Missa, antecipando a sua paixão, morte e ressurreição. Por este mistério fomos salvos.

A Missa é o louvor mais importante que prestamos a Deus, pois é o seu próprio filho que lhe oferecemos na Hóstia consagrada.

Em cada Santa Missa, Jesus dá sua vida por nós. É por isso que devemos participar da missa sempre com muito amor, respeito e devoção.

[1348]
2. Partes da Missa

A liturgia da missa, isto é, a celebração da missa, é dividida em duas grandes partes:

[1349] 1) **Liturgia da Palavra:** Em que lemos e meditamos a Palavra de Deus, especialmente as Epístolas e os Evangelhos.

2) **Liturgia Eucarística:** Esta se divide em três partes:

[1350] a) **Ofertório:** em que o padre junto com os fiéis oferecem o pão e o vinho a Deus. Junto com o pão e o vinho, devemos oferecer a Deus toda nossa vida, tudo o que nós somos e tudo o que nós temos. Tudo dele recebemos. Tudo a Ele oferecemos.

[1352ss] b) **Consagração:** em que o padre repete as mesmas palavras de Jesus na Última Ceia, transformando o Pão no Corpo de Cristo e o Vinho em seu Sangue precioso. Este momento devemos vivê-lo com muita atenção, respeito e devoção.

[1355] c) **Comunhão:** é o momento em que temos a felicidade e a alegria de receber o Corpo de Cristo na Hóstia consagrada. Recebemos o alimento espiritual para sustentar nossa fé.

Assim como temos o prazer de preparar direitinho nossa casa para receber uma visita que queremos bem, assim devemos nos preparar, da melhor maneira possível, para receber a maior de todas as visitas: Jesus na Hóstia consagrada.

3. Devemos participar bem da Missa [1368ss]

Missa não é para ser assistida, como se faz a um filme, a um teatro. Missa é para ser participada.

Todos os fiéis celebram a Santa Missa junto com o padre que a preside.

Na Santa Missa, manifestamos nossa união com o bispo, com o Papa, com toda a Igreja. Unimo-nos com os vivos e falecidos, com os presentes e os ausentes. Rezamos com a Virgem Maria, os santos e as almas do purgatório.

Através da Santa Missa, agradecemos a Deus, por Jesus Cristo, todos os benefícios recebidos. Louvamos ao Pai, ao Filho e ao Espírito Santo. Fazemos os pedidos de que temos necessidade e pedimos perdão de nossos pecados.

Na missa, celebramos o grande amor de Deus como Pai, e a grande união dos filhos de Deus, como irmãos em nosso Senhor Jesus Cristo.

Devemos participar da Santa Missa aos domingos e dias santos junto com nossa família.

Se moramos longe da igreja, procuremos participar pelo menos através do rádio, e do culto dominical em nossa Comunidade.

Leituras bíblicas

Jo 6,26-60 (Jesus, o pão da vida)
Lc 22,7-20 (Instituição da Eucaristia)
1Cor 11,23-32 (A Ceia de Jesus)

*Leituras de textos correlatos
no Catecismo da Igreja Católica*

O Sacramento da Eucaristia: 1322 a 1405

Revisão

1. O que é Eucaristia?
2. Como Jesus pode ser nosso alimento?
3. Como foi que Jesus nos deixou a Santa Missa?
4. Como é dividida a Santa Missa?
5. O que celebramos na Santa Missa?
6. Com quem nos unimos quando celebramos a Santa Missa?
7. Você participa sempre da Santa Missa? Do culto dominical? Assiste à missa pelo rádio?
8. Convida outras pessoas para participar com você?
9. Qual das leituras você achou mais importante? Por quê?

Oração

Senhor, vosso amor por nós é tão grande que vos tornastes alimento para nossa vida. Ajudai-nos a aproximar da Eucaristia com muito amor e respeito. Por ela, fortifiquemos nossa vida espiritual a fim de que também alimentemos nossos irmãos com nossas boas palavras e bons exemplos.
Assim seja.

Mensagem para a vida

"EUCARISTIA: HÓSTIA BRANCA – ALIMENTO FORTE – JESUS EM NÓS. VENHAM TODOS – APROXIMEMO-NOS DO SENHOR."

"ASSIM COMO O CORPO PRECISA DE ALIMENTOS FORTES PARA SOBREVIVER, ASSIM TAMBÉM A ALMA PRECISA DA EUCARISTIA, PARA QUE, BEM ALIMENTADA, POSSA VENCER TODOS OS OBSTÁCULOS E DIFICULDADES DA VIDA, COM FÉ, ESPERANÇA E MUITO AMOR."

13ª Lição
PARA ONDE VAMOS?

[1020]   Eis a grande pergunta: Para onde vamos?
Muitos se preocupam em dar uma resposta.
Alguns dizem assim: "Nós só temos esta vida. Quando a gente morre, tudo se acaba. Não existe outra vida". São os ateus que pensam assim. Aqueles que não têm fé. Se assim fosse, não valeria a pena ter nascido.

[849ss]   ## 1. A vida é uma missão

Jesus nos ensina uma doutrina muito diferente desta. Ele nos ensina que o Pai nos criou por Amor. Todos os que nascem possuem uma missão. Ninguém está no mundo à toa. Todos possuem uma missão importante para cumprir.

Todas as missões são importantes, desde as mais simples como a de uma cozinheira, até as mais exigentes como a do médico, do engenheiro. Todas, porém, são importantes. Já pensaram se não houvesse costureiras, padeiros, agricultores? O que vale é realizarmos bem, qualquer que seja a nossa missão. "Toda missão tem valor, muito mais quando realizada com Amor."

2. Ser santo é cumprir nossa missão com amor [1023]

O santo é aquele que cumpriu direitinho sua missão nessa vida, seja ele padre, freira, pai de família, dona de casa. Todos podem ser santos se cumprirem a missão para a qual foram criados.

Santidade não é privilégio de alguns, é possibilidade para todos.

A Igreja nos ensina que "todos os homens foram criados para serem santos". Felizes daqueles que compreendem isto e põem em prática em sua vida os ensinamentos do Senhor. Só compreende esta verdade aquele que possui fé. É por isso que todos os dias devemos rezar: "Eu creio, Senhor, mas aumentai a minha fé".

Provamos a fé pelas obras que praticamos. Quem pratica o bem, demonstra a fé que possui, recebe o bem nesta vida e na outra vida. Quem pratica o mal, recebe o mal nesta e na outra vida. Quem planta flor, colhe flor. Quem planta espinho, mais tarde fura os dedos.

3. O juízo final [1038]

Certa vez, Jesus contou aos seus apóstolos como será o fim do mundo. Disse que separará os bons dos maus como o pastor separa as ovelhas dos cabritos. Olhará para os bons e dirá:

"Vinde, benditos do meu Pai, receber o prêmio que vos está preparado desde toda eternidade. Pois tive fome e me destes de comer, tive sede e me destes de beber, estava nu e me vestistes, era peregrino e me acolhestes, estava doente e me consolastes, estava preso e me visitastes".

E os bons dirão:
— "Quando foi que fizemos tudo isto?"
Jesus responderá:
— "Tudo o que fizestes ao menor de meus irmãos, foi a mim mesmo que fizestes".

E depois o Senhor se dirigirá para os maus e dirá:
— "Ide, malditos, para o fogo eterno, onde haverá choro e ranger de dentes. Pois, tive fome e não me destes de comer, tive sede e não me destes de beber, estava nu e não me vestistes, era peregrino e não me acolhestes, estava doente e não me consolastes, estava preso e não me visitastes".

E os maus dirão:
— "Senhor, nós nunca te vimos no mundo".
Jesus então responderá:
— "Tudo o que deixastes de fazer ao menor de meus irmãos, foi a mim mesmo que deixastes de fazer".

[1010ss]

4. A vitória do amor e do bem

Nosso julgamento no Juízo Final será de acordo com a vida de caridade e de fé que tivermos levado neste mundo. Portanto, não vamos perder tempo. **A eternidade depende do agora de nossa vida**. Não vamos deixar nossa conversão, isto é, nossa mudança de vida, para amanhã. Poderá ser tarde demais. E você terá vivido em vão.

Vamos deixar o mal e o pecado o quanto antes, enquanto é tempo. Se estivermos andando por um caminho errado, vamos voltar e tomar o caminho certo. **O caminho certo é Jesus e sua Palavra.**

Jesus disse: "Eu sou o Caminho, a Verdade e a Vida, quem caminha comigo, não andará nas trevas, mas verá a luz de Deus".

5. Todos ressuscitaremos com Cristo Jesus [1002]

Todos nós morreremos e ressuscitaremos como Jesus morreu e ressuscitou. A morte não é separação para sempre. É por um breve tempo. No final, todos nós ressuscitaremos para a Vida Eterna.

Felizes os que fizeram a sua parte, vivendo de acordo com a vontade de Deus. Grande será sua alegria, na eternidade sem fim. A salvação foi dada para todos, mas somente os que fazem a vontade do Pai serão merecedores do grande prêmio que Jesus reservou a todos os homens de boa vontade.

ACORDA, MEU IRMÃO, O DIA VAI ADIANTADO... MAS AINDA É TEMPO.
VEM BANHAR-TE NO RIO DE ÁGUA VIVA E VIVERÁS.

Leituras bíblicas

Mt 25,34-46 (Descrição do Juízo Final)
Mt 24,22-51 (Sinais do fim do mundo – necessidade de vigilância)
1Cor 15,35-58 (Como será a ressurreição)
2Cor 4,13-18 (Esperança da ressurreição)
2Cor 5,1-10 (Esperança da ressurreição)
1Ts 4,12-17 (Sorte dos cristãos falecidos)

*Leituras de textos correlatos
no Catecismo da Igreja Católica*

A vida eterna: 1020 a 1022
O Céu: 1023 a 1029
A purificação no purgatório: 1030 a 1032
O inferno: 1033 a 1039
O juízo final: 1038 a 1050

Revisão

1. Por que Deus nos criou?
2. Como provamos nossa fé?
3. Como será o Juízo Final?
4. O que Jesus prometeu depois da morte?
5. Para onde irão os bons e os maus depois da ressurreição?
6. Você tem cumprido direitinho sua missão nesta vida?
7. Tem aproveitado o tempo na prática do bem?
8. Em que você ainda precisa melhorar?
9. Qual das leituras você achou mais importante? Por quê?

Oração

Senhor, vós nos criastes por Amor e nos preparastes uma morada eterna junto de vós. Que nós saibamos, da melhor maneira possível, cumprir nossa missão nesta vida, espalhando vosso Reino de Amor e de Paz entre os irmãos.
Assim seja.

Mensagem para a vida

"QUEM SE SALVA LEVA MUITOS CONSIGO. QUEM SE PERDE ARRASTA OUTROS. CRISTO JESUS O CHAMA. VENHA E TRAGA MUITOS COM VOCÊ. E VOCÊ ENCONTRARÁ A FELICIDADE DE VIVER E NASCERÁ EM PAZ PARA A VERDADEIRA VIDA QUE SE INICIA COM A MORTE."

SUPLEMENTO DE ORAÇÕES

A ORAÇÃO é alimento forte na vida do cristão. Assim como o corpo precisa de alimentos para poder manter a saúde física, assim também a alma precisa do alimento espiritual para poder conservar viva sua FÉ, ESPERANÇA e CARIDADE.

Aqui vão algumas sugestões de orações e devoções mais comumente usadas pelo nosso povo, que podem ajudar você em sua caminhada em direção ao Pai.

Estas orações podem ser feitas pessoalmente, no silêncio da solidão, ou em família, como também em Comunidade, na alegria da convivência fraterna.

Orações do cristão

Pai-nosso

Pai nosso, que estais nos céus, santificado seja o vosso nome; venha a nós o vosso reino, seja feita a vossa vontade, assim na terra como no céu.

O pão nosso de cada dia nos dai hoje; perdoai-nos as nossas ofensas, assim como nós perdoamos a quem nos tem ofendido; e não nos deixeis cair em tentação, mais livrai-nos do mal. Amém.

Credo

Creio em Deus Pai todo-poderoso, criador do céu e da terra; e em Jesus Cristo, seu único Filho, nosso Senhor; que foi concebido pelo poder do Espírito Santo; nasceu da Virgem Maria, padeceu sob Pôncio Pilatos, foi crucificado, morto e sepultado; desceu à mansão dos mortos; ressuscitou ao terceiro dia; subiu aos céus, está sentado à direita de Deus Pai todo-poderoso, donde há de vir a julgar os vivos e os mortos; creio no Espírito Santo, na santa Igreja católica, na comunhão dos santos, na remissão dos pecados, na ressurreição da carne, na vida eterna. Amém.

Salve-Rainha

Salve, Rainha, Mãe de misericórdia, vida, doçura, esperança nossa, salve; a vós bradamos os degredados filhos de Eva, a vós suspiramos, gemendo e chorando, neste vale de lágrimas. Eia, pois, advogada nossa, estes vossos olhos misericordiosos a nós volvei, e depois deste desterro mostrai-nos Jesus, bendito fruto do vosso ventre, ó clemente, ó piedosa, ó doce sempre Virgem Maria.
Rogai por nós, santa Mãe de Deus, para que sejamos dignos das promessas de Cristo. Amém.

Ave-Maria

Ave, Maria, cheia de graça, o Senhor é convosco, bendita sois vós entre as mulheres e bendito o fruto do vosso ventre, Jesus.
Santa Maria, Mãe de Deus, rogai por nós pecadores, agora e na hora de nossa morte. Amém.

SALMOS

Salmo 25
(Oração da manhã)

Para ti, Senhor, me leva o meu desejo.
Na tua presença, sinto-me seguro.
Espero não ser desiludido, e tornar-me motivo de gozação para os outros.
Não, a desilusão não chegará para quem espera em ti, chegará, sim, para os que te forem infiéis.
Revela-me teus caminhos, Senhor, para que me acostume com teu modo de agir.
Assenta os meus passos na tua verdade, pois tu és o Deus que me salva, por ti espero o dia inteiro.
Lembra-te, Senhor, da tua ternura e do teu amor fiel.
Sempre te conhecemos assim!
Tira da tua lembrança os pecados da minha juventude.
Pensa em mim, mas com amor, Tu que és a bondade em pessoa.

Salmo 26
(Oração da noite)

Ouve, Senhor, sou eu que estou chamando!
Tem piedade de mim e me responde.
Dentro de mim uma voz me dizia: "Continua procurando a presença de Deus".
Por isso, estou à sua procura, Senhor, não te escondas de mim.
Por favor, não te irrites, nem me rejeites, Tu és o meu Salvador!

Ainda que meus pais me desamparem, sei que o Senhor sempre me acolherá. Ensina-me a andar pelos bons caminhos, por causa dos meus inimigos.

Não me deixes cair nas suas mãos, pois estão levantando falsos testemunhos, e tramando a violência contra mim.

Ah! se não tivesse a certeza absoluta de poder experimentar um dia a bondade do Senhor, na terra dos vivos...

Confia no Senhor. Sê forte e corajoso, confia no Senhor!

Salmo 129
(Oração para pedir perdão dos pecados)

Das profundezas clamo a ti, Senhor, escuta minha voz.
Abre teus ouvidos ao clamor da minha prece.
Se marcas os nossos pecados, Senhor, quem poderá subsistir?

Junto de ti, porém, encontro o perdão, e assim posso continuar a servir-te.

Minha confiança no Senhor é grande, espero dele uma palavra amiga.

O vigia noturno anseia pela aurora, eu, porém, muito mais pelo Senhor.

Junto dele encontro o amor fiel e a plena liberdade.
Povo de Deus, confia no Senhor.
Ele te libertará de todas as tuas faltas.

Salmo 114
(Oração de Ação de Graças)

Eu amo o Senhor!
Ele ouviu a minha súplica, e me deu atenção, no dia em que o invoquei.
Eu começava a entrar em agonia, os estertores da morte já me dominavam.
Num estado terrível de angústias e tédio clamei por Ele: "Ah! Senhor, salva minha vida".
E ele foi amável e justo, cheio de compaixão para comigo.
Nosso Deus protege os pequenos e fracos, como eu. Por isso me salvou.
Agora, tenho de voltar a minha tranquilidade, porque o Senhor fez coisas boas para mim.
Livrou minha alma da morte, meus olhos das lágrimas, meus pés do tropeço.
Posso continuar a andar na presença do Senhor, no mundo dos vivos.

Salmo 145
(Oração de louvor)

Louvarei e cantarei sempre ao Senhor, enquanto eu for vivo!
Não adianta confiar nos grandes, nos poderosos, no homem que não pode salvar ninguém. Morre, é enterrado, e acabam-se todos os seus projetos.
Feliz aquele que busca seu apoio no Deus vivo, que põe sua esperança no Senhor nosso Deus.
Foi Ele quem criou o céu e a terra, o mar e tudo o que existe.

Mantém fielmente sua palavra para sempre.
Nosso Deus é o Senhor: que faz justiça aos oprimidos, dá o pão aos famintos, abre os olhos aos cegos, ampara o órfão e a viúva. Liberta os cativos, reabilita os humilhados, abriga os marginalizados, entrava o caminho dos maus. Meu povo, este é o nosso Deus!
Seu poder subsiste eternamente.
Vamos louvá-lo!

O ROSÁRIO DE NOSSA SENHORA

Mistérios gozosos
(Para serem rezados às segundas-feiras e sábados.)

1. No primeiro mistério contemplamos a ANUNCIAÇÃO DO ANJO GABRIEL A NOSSA SENHORA (Lc 1,26-39)
Maria recebe a visita do anjo Gabriel. Este vem, da parte de Deus, anunciar a Maria que ela havia sido escolhida para ser a Mãe do Salvador. Maria respondeu: "Eis aqui a serva do Senhor. Faça-se em mim segundo a vossa palavra".

2. No segundo mistério contemplamos a VISITA DE NOSSA SENHORA A SUA PRIMA SANTA ISABEL (Lc 1,39-56)
O anjo Gabriel avisa Maria que sua prima Isabel também estava esperando uma criança. Maria vai para a casa da prima a fim de ajudá-la nos trabalhos. Permanece até quando Isabel dá à luz a João Batista.

3. No terceiro mistério contemplamos O NASCIMENTO DE JESUS EM BELÉM (Lc 2,1-15)
Maria e José foram a Belém para o recenseamento. Lá completaram-se os dias de Maria. Ela deu à luz o filho de Deus, Jesus, numa simples manjedoura que servia de curral para os animais.
"Glória a Deus nas alturas e paz na terra aos homens de boa vontade."

4. No quarto mistério contemplamos a APRESENTAÇÃO DE JESUS E A PURIFICAÇÃO DE NOSSA SENHORA NO TEMPLO DE JERUSALÉM (Lc 2,22-33)
No oitavo dia em que Jesus havia nascido, foi levado por Maria e José para ser apresentado no templo por Simeão. Maria então ouviu aquelas palavras dolorosas: "Eis que uma espada de dores traspassará teu coração", profetizando já a paixão do seu Filho Jesus.

5. No quinto mistério contemplamos a PERDA E O ENCONTRO DE JESUS NO TEMPLO (Lc 2,42-52)
Como era costume do povo, Maria, José e Jesus, já com doze anos, foram para Jerusalém para fazer suas devoções. No retorno, depois de um dia de caminhada, Maria e José dão pela falta do filho. Voltam para Jerusalém e encontram Jesus ensinando e discutindo com os doutores da Lei. Maria pergunta a Jesus: "Porque fizeste isto conosco? Eis que teu pai e eu te procurávamos". E Jesus responde: "Por que me procuráveis? Não sabíeis que devo ocupar-me das coisas de meu Pai?"
E Maria guardava todas estas coisas em seu coração.

Mistérios luminosos
(Para serem rezados às quintas-feiras.)

1. No primeiro mistério contemplamos o BATISMO DE JESUS (Mt 3,13-16)
   João batizava no rio Jordão. Jesus veio da Galileia para ser batizado por ele. João, porém, se opunha dizendo: "Eu é que devo ser batizado por ti e tu vens a mim?" Jesus respondeu: "Deixa agora, pois convém que assim cumpramos toda a justiça". Enquanto João batizava Jesus, o Espírito de Deus, em forma de pomba, desceu sobre Ele. Do céu veio uma voz que dizia: "Este é meu Filho amado, de quem eu me agrado".

2. No segundo mistério contemplamos JESUS NAS BODAS DE CANÁ (Jo 2,1-12)
   Jesus foi a um casamento em Caná da Galileia, em companhia de sua mãe Maria. No meio da festa Maria percebeu que havia acabado o vinho. Para que a família não passasse vergonha, Maria se dirige a Jesus, pedindo que Ele fizesse alguma coisa em seu benefício. Jesus diz à mãe: "Minha hora ainda não chegou". Maria, porém, pede aos servidores que enchessem as talhas de água. Diante do insistente pedido da Mãe, Jesus abençoou aquelas talhas cheias de água e as transformou em saboroso vinho, para alegria e admiração de todos.

3. No terceiro mistério contemplamos o ANÚNCIO DO REINO DE DEUS (Mc 1,14-15)
   Esta foi a grande missão de Jesus. Anunciar o Reino de Deus a toda criatura. Para isto Ele veio ao mundo.

Seu anúncio se deu através de palavras, gestos, milagres e santos ensinamentos. Todos eram convidados à conversão. O Reino era anunciado a todos, mas os prediletos de Jesus eram os pequenos, os pobres, os sofredores e os enfermos deste mundo. Dizia: "São os doentes que necessitam do médico". Através da morte e ressurreição, Jesus completou sua obra redentora.

4. No quarto mistério contemplamos a TRANSFIGURAÇÃO DE JESUS no alto do Monte Tabor (Lc 9,28-36)
Jesus subiu ao Monte Tabor na companhia de Pedro, Tiago e João. Lá chegando, transfigurou-se diante deles. Seu corpo tornou-se luminoso como está no céu, com toda glória do ressuscitado. Junto dele apareceu Moisés, representando os patriarcas, e Elias, representando os profetas do Antigo Testamento.
Pedro disse: "E bom estarmos aqui, façamos três tendas, uma para ti, outra para Moisés e outra para Elias". Jesus voltou ao seu normal e convidou os companheiros para descerem o monte e levar adiante a missão.

5. No quinto mistério contemplamos a EUCARISTIA (Mt 26,26-29)
Chegando a Páscoa, Jesus queria celebrá-la com seus discípulos. Estando todos reunidos no Cenáculo, Jesus lavou-lhes os pés, em sinal de humildade e serviço. Em seguida tomou o pão, deu graças e disse: "Tomai e comei, isto é o meu corpo". Em seguida tomou o cálice com vinho e disse: "Tomai e bebei, isto é o meu sangue". E conclui dizendo: "Fazei isto em memória de mim". Esta foi a primeira missa celebrada por Jesus.

Mistérios dolorosos
(Para serem rezados às terças e sextas-feiras.)

1. No primeiro mistério contemplamos a ORAÇÃO DE JESUS NO HORTO DAS OLIVEIRAS (Mc 14,32-43)
   Depois da Santa Ceia que Jesus celebrou com seus apóstolos, foi com eles para o monte das Oliveiras. Lá se separou deles e numa pedra chorou e suou sangue, só de pensar no que deveria sofrer. Jesus disse: "Pai, se for possível, afasta de mim este cálice, mas não se faça a minha vontade, mas a tua vontade".

2. No segundo mistério contemplamos a FLAGELAÇÃO DE JESUS (Jo 18,38-40; 19,1)
   Depois de ter sido preso, Jesus foi julgado por Pôncio Pilatos que o condenou a ser açoitado. Amarraram-no numa pedra e lhe deram quarenta chicotadas. Jesus, em silêncio, tudo padeceu por nosso amor.

3. No terceiro mistério contemplamos a COROAÇÃO DE ESPINHOS EM JESUS (Mt 27,27-32)
   Depois de açoitado, coroaram Jesus com uma coroa de agudos espinhos. Estes traspassaram a cabeça de Jesus, fazendo-o sofrer muito. Jesus nada reclamou, pois sabia que seu sofrimento era para a nossa redenção.

4. No quarto mistério contemplamos a VIAGEM DE JESUS PARA O CALVÁRIO (Lc 23,20-32; Mc 8,34b)
   Jesus foi injustamente condenado à morte. Recebe a pesada cruz. Transporta-a com dificuldade e paciência. Cai e torna a se levantar. Encontra sua mãe que muito sofre ao ver o sofrimento

do filho. É ajudado por Simão Cireneu. Na cruz, carrega o peso de todos os nossos pecados.

5. No quinto mistério contemplamos a MORTE DE JESUS NA CRUZ (Lc 23,33-47)
Jesus chega ao Calvário. E pregado na Cruz. Depois de três horas de dura agonia em meio a tantas dores e sofrimentos, exclama: "Pai, em tuas mãos entrego o meu espírito". Inclinando a cabeça, morreu para a nossa salvação.

Mistérios gloriosos
(Para serem rezados às quartas-feiras e domingos.)

1. No primeiro mistério contemplamos a RESSUR-REIÇÃO DE JESUS (Mc 16, l-8)
No primeiro dia da semana, algumas mulheres se dirigiram ao sepulcro para colocar óleo perfumado no corpo de Jesus. Lá chegando, encontram o sepulcro vazio. Um anjo lhes diz: "Por que procurais entre os mortos aquele que está vivo? Jesus ressuscitou".

2. No segundo mistério contemplamos a ASCEN-SÃO DE JESUS AO CÉU (At 1, 4-11)
Depois de quarenta dias, Jesus volta para o céu, onde está sentado à direita do Pai. Prometeu que permaneceria conosco até o final dos tempos, quando então voltaria para julgar os vivos e os mortos.

3. No terceiro mistério contemplamos a VINDA DO ESPÍRITO SANTO SOBRE NOSSA SENHORA E OS APÓSTOLOS (At 2,1-14)

Os apóstolos estavam reunidos no Cenáculo junto de Maria, quando na manhã de Pentecostes receberam a visita do Espírito Santo que desceu sobre eles em forma de línguas de fogo. Iluminados pelo Espírito Santo, os apóstolos saíram pelo mundo, pregando o Evangelho de Jesus.

4. No quarto mistério contemplamos a ASSUNÇÃO DE MARIA AO CÉU (1Cor 15,20-23.53-55)
Maria, depois de cumprir sua tão importante missão entre os homens, foi levada para o Reino do Pai, onde junto ao Filho Jesus intercede por nós seus filhos.

5. No quinto mistério contemplamos a COROAÇÃO DE MARIA COMO RAINHA DOS ANJOS, DOS SANTOS E DOS HOMENS (Ap 12,1-6)
Maria, rainha de todos os homens, como mãe carinhosa, olha por todos nós seus filhos. Maria é caminho certo a Jesus.

LADAINHA DE NOSSA SENHORA

Senhor, tende piedade de nós.
Cristo, tende piedade de nós.
Senhor, tende piedade de nós.
Jesus Cristo, ouvi-nos.
Jesus Cristo, atendei-nos.
Deus Pai dos céus, tende piedade de nós.
Deus Filho Redentor do mundo, tende piedade de nós.
Deus Espírito Santo, tende piedade de nós.
Santíssima Trindade, que sois um só Deus, tende piedade de nós.
Santa Maria, rogai por nós.

Santa Mãe de Deus,
Santa Virgem das virgens,
Mãe de Jesus Cristo,
Mãe da divina graça,
Mãe puríssima,
Mãe castíssima,
Mãe imaculada,
Mãe intacta,
Mãe amável,
Mãe admirável,
Mãe do bom conselho,
Mãe do Criador,
Mãe do Salvador,
Virgem prudentíssima,
Virgem venerável,
Virgem louvável,
Virgem poderosa,
Virgem benigna,
Virgem fiel,
Espelho de justiça,
Sede de sabedoria,
Causa de nossa alegria,
Vaso espiritual,
Vaso digno de honra,
Vaso insigne de devoção,
Rosa mística,
Torre de Davi,
Torre de Marfim,
Casa de ouro,
Arca da Aliança,
Porta do céu,
Estrela da manhã,
Saúde dos enfermos,
Refúgio dos pecadores,

Consoladora dos aflitos,
Auxílio dos cristãos,
Rainha dos Anjos,
Rainha dos Patriarcas,
Rainha dos Profetas,
Rainha dos Apóstolos,
Rainha dos Mártires,
Rainha dos Confessores,
Rainha das Virgens,
Rainha de todos os Santos,
Rainha concebida sem pecado original,
Rainha assunta ao céu,
Rainha do Sacratíssimo Rosário,
Rainha da Paz,
Cordeiro de Deus que tirais o pecado do mundo,
Perdoai-nos, Senhor.
Cordeiro de Deus que tirais o pecado do mundo,
Ouvi-nos, Senhor.
Cordeiro de Deus que tirais o pecado do mundo,
Tende piedade de nós.

CÂNTICO DE NOSSA SENHORA
(Magnificat)

A minha alma glorifica o Senhor, e o meu espírito exulta de alegria em Deus meu Salvador.

Porque lançou os olhos para a humildade de sua serva, doravante todas as gerações me chamarão bem-aventurada.

Porque fez em mim grandes coisas o onipotente, cujo nome é santo.

E a sua misericórdia se estende de geração em geração sobre aqueles que o temem.

Manifestou o poder de seu braço; dissipou aqueles que se orgulhavam nos pensamentos de seu coração. Depôs do trono os poderosos, e exaltou os humildes.

Encheu de bens os famintos e despediu os ricos de mãos vazias.

Tomou cuidado de Israel, seu servo, lembrado da sua misericórdia;

Conforme tinha prometido a Abraão e a seus filhos para sempre.

OFÍCIO DA IMACULADA CONCEIÇÃO

Matinas

Agora, lábios meus,
Dizei e anunciai
Os grandes louvores
Da Virgem Mãe de Deus.

Sede em meu favor,
Virgem Soberana,
Livrai-me do inimigo
Com vosso valor.

Glória seja ao Pai,
Ao Filho, ao Amor também,
Que é um só Deus,
Em pessoas três.
Agora e sempre,
E sem fim. Amém.

Hino

Deus vos salve, Virgem,
Senhora do mundo,
Rainha dos Céus
E das virgens Virgem.

Estrela da manhã,
Deus vos salve, cheia
De graça divina,
Formosa e louçã.

Dai pressa, Senhora,
Em favor do mundo,
Pois vos reconhece
Como defensora.

Deus vos nomeou
Já lá do "ab aeterno"
Para Mãe do Verbo,
Com o qual criou.

Terra, mar e céus,
E vos escolheu,
Quando Adão pecou,
Por esposa de Deus.

Deus a escolheu
E já muito dantes,
Em seu tabernáculo
Morada lhe deu.

Ouvi, Mãe de Deus,
Minha oração,
Toquem em vosso peito
Os clamores meus.

Oração

Santa Maria, Rainha dos Céus, / Mãe de Nosso Senhor Jesus Cristo, Senhora do mundo, / que a nenhum pecador desamparais, nem desprezais, / ponde, senhora, em mim os olhos de vossa piedade, / e alcançai-me de vosso amado Filho perdão de todos os meus pecados, / para que eu, que agora venero com devoção vossa Imaculada Conceição, / mereça na outra vida alcançar o prêmio da Bem-aventurança, / por mercê do vosso Benditíssimo Filho Jesus Cristo Nosso Senhor,/ que com o Pai, e o Espírito Santo, vive e reina para sempre. Amém.

Prima

Sede em meu favor,
Virgem Soberana,
Livrai-me do inimigo,
Com vosso valor.
Glória seja ao Pai etc.

Hino

Deus vos salve, mesa
Para Deus ornada,
Coluna Sagrada
De grande firmeza.

Casa Dedicada,
A Deus sempiterno,
Sempre preservada,
Virgem do pecado.

Antes que nascida,
Fostes, Virgem Santa,
No ventre ditoso,
De Ana concebida.

Sois Mãe Criadora,
Dos mortais viventes,
Sois dos Santos Porta,
Dos Anjos Senhora.

Sois forte Esquadrão
Contra o inimigo,
Estrela de Jacó,
Refúgio do cristão.

A Virgem o criou,
Deus no Espírito Santo
E todas as suas obras
Com Ela as ornou.

Ouvi, Mãe de Deus,
Minha oração
Toquem em vosso peito
Os clamores meus.

Oração

Santa Maria, Rainha dos Céus...

Tércia

Sede em meu favor,
Virgem Soberana,
Livrai-me do inimigo,
Com vosso valor.
Glória seja ao Pai etc.

Hino

Deus vos salve, Trono
Do Grão Salomão
Arca do concerto,
Velo de Gedeão,

Íris do Céu clara
Sarça da visão,
Favo de Sansão,
Florescente vara,

A qual escolheu
Para ser Mãe sua,
E de vós nasceu
O Filho de Deus.

Assim vos livrou
Da culpa original,
De nenhum pecado
Há em vós sinal.

Vós que habitais
Lá nessas alturas
E tendes vosso trono
Sobre as nuvens puras.

Ouvi, Mãe de Deus,
Minha Oração,
Toquem em vosso peito
Os clamores meus.

Oração

Santa Maria, Rainha dos Céus...

Sexta

Sede em meu favor,
Virgem Soberana,
Livrai-me do inimigo
Com vosso valor.
Glória seja ao Pai etc.

Hino

Deus vos salve, Virgem,
Da Trindade Templo,
Alegria dos Anjos,
Da pureza exemplo.

Que alegrais os tristes
Com vossa clemência,
Horto de deleites,
Palma de paciência.

Sois terra bendita
E Sacerdotal,
Sois de castidade
Símbolo Real.

Cidade do Altíssimo,
Porta oriental,
Sois a mesma graça,
Virgem singular.

Qual lírio cheiroso
Entre espinhas duras,
Tal sois vós, Senhora,
Entre as criaturas.

Ouvi, Mãe de Deus,
Minha oração,
Toquem em vosso peito
Os clamores meus.

Oração

Santa Maria, Rainha dos Céus...

Noa

Sede em meu favor,
Virgem Soberana,
Livrai-me do inimigo
Com vosso valor.
Glória seja ao Pai etc.

Hino

Deus vos salve, Cidade
De torres guarnecida,
De Davi com armas
Bem fortalecida.

De suma caridade
Sempre abrasada,
Do Dragão a força
Foi por vós prostrada.

Ó mulher tão forte,
Ó invicta Judite,
Que vos alentastes
O Sumo Davi.

Do Egito o curador
De Raquel nasceu,
Do mundo o Salvador
Maria no-lo deu.

Toda é formosa
Minha companheira,
Nela não há mácula
Da culpa primeira.

Ouvi, Mãe de Deus,
Minha oração,
Toquem em vosso peito
Os clamores meus.

Oração

Santa Maria, Rainha dos Céus...

Vésperas

Sede em meu favor,
Virgem Soberana,
Livrai-me do inimigo
Com vosso valor.
Glória seja ao Pai etc.

Hino

Deus vos salve, Relógio,
Que andando atrasado
Serviu de sinal
Ao Verbo encarnado.

Para que o homem suba
As sumas alturas,
Desce Deus dos céus
Para as criaturas.

Com os raios claros
Do sol da Justiça,
Resplandece a Virgem,
Dando ao sol cobiça.

Sois Lírio formoso,
Que cheiro respira,
Entre os espinhos,
Da serpente a ira.

Vós a quebrantais,
Com vosso poder:
Os cegos errados
Os alumiais.

Fizestes nascer
O sol tão fecundo,
E como com nuvens
Cobristes o mundo.

Ouvi, Mãe de Deus,
Minha oração,
Toquem em vosso peito
Os clamores meus.

Oração

Santa Maria, Rainha dos Céus...

Completas

Rogai a Deus,
Virgem nos converta,
E que sua ira
Aparte de nós.

Sede em meu favor
Virgem Soberana,
Livrai-me do inimigo
Com vosso valor.
Glória seja ao Pai etc.

Hino

Deus vos salve,
Virgem, Mãe Imaculada,
Rainha de clemência,
De estrelas coroada.

Vós, sobre os Anjos
Sois purificada
De Deus à mão direita
Estais de ouro ornada.

Por vós, Mãe de Graças,
Mereçamos ver
A Deus nas alturas
Com todo o prazer.

Pois sois esperança
Dos pobres errantes,

E seguro porto
Aos navegantes.

Estrelas do mar,
E saúde certa,
E porta que estais
Para o Céu aberta.

É óleo derramado,
Virgem, vosso nome,
E os vossos servos
Vos hão sempre amado.

Ouvi, Mãe de Deus
Minha oração,
Toquem em vosso peito
Os clamores meus.

Oração

Santa Maria, Rainha dos Céus ...

Oferecimento

Humildes oferecemos a Vós, Virgem pia,
Estas orações, porque, em nossa guia,
Ides Vós adiante, e na agonia,
Vós nos animeis, ó doce Maria. Amém.

ÍNDICE

Introdução 06
1ª Lição: Deus nos ama e por isso quer
a salvação de todos os homens 07
2ª Lição: Deus prepara um grande povo
para Jesus poder vir ao mundo 15
3ª Lição: Deus envia seu filho Jesus Cristo
para nos trazer a salvação 25
4ª Lição: Os Evangelhos contam a vida
e a doutrina de Jesus 31
5ª Lição: Jesus e seus companheiros
– os apóstolos 39
6ª Lição: Jesus e os apóstolos
– fundação da Igreja 47
7ª Lição: Jesus envia o Espírito Santo
para formação da Igreja 53
8ª Lição: Igreja – povo de Deus 61
9ª Lição: Os sacramentos – sete fontes
da graça de Deus instituídos por Jesus Cristo 69
10ª Lição: O Batismo 77
11ª Lição: O Casamento cristão 85
12ª Lição: A Eucaristia – o sacramento
do amor de Deus 91
13ª Lição: Para onde vamos? 97

SUPLEMENTOS DE ORAÇÕES
Orações do cristão 103
Salmos 105
O Rosário de Nossa Senhora 108
Ladainha de Nossa Senhora 114
Cântico de Nossa Senhora (Magnificat) 116
Ofício da Imaculada Conceição 117